USA Ostküste

Martin Gostelow

JPMGUIDES

INHALT

- 3 **Richtung USA Ostküste**
- 7 **Rückblende**
- 15 **Unterwegs**
  - 15 Von Boston nach Bar Harbor
  - 35 New York
  - 51 Philadelphia
  - 57 Washington, D. C. und Region
  - 73 Charleston
  - 79 Savannah und Atlanta
- 93 **Einkaufen**
- 97 **Essen und Trinken**
- 100 **Sport**
- 103 **Wichtiges in Kürze**
- 119 **Register**

Extras
- 90 Kulturnotizen

Karten und Pläne
- 110 Boston
- 111 Newport
- 112 New York City
- 114 Philadelphia
- 116 Charleston
- 117 Savannah
- 118 Atlanta

Faltkarte
Manhattan
Washington
USA Ostküste

Ein Hut der Amish

Die gelben NY-Taxi-cabs ...

Wilde Landschaften

Patriotisches USA für immer

RICHTUNG USA OSTKÜSTE

Als Eingangstor zu den Vereinigten Staaten ist sie unübertroffen: An der Ostküste gingen im 15. Jh. Kolumbus und John Cabot an Land, suchte 1513 Juan Ponce de León nach dem Jungbrunnen, entdeckten die Amerikaner ihre Leidenschaft für den Fortschritt. Neben ihren spektakulären Stränden, Bergen und Flüssen sind es ihre faszinierenden und dynamischen Städte, die die »Wiege« des »Landes der unbegrenzten Möglichkeiten« auszeichnen.

Die 4000 km lange Küstenlinie misst wegen der vielen Buchten und der zahllosen vorgelagerten Inseln eigentlich das Dreifache. Das Klima reicht von der rauen Winterkälte im Norden bis zur subtropischen Wärme in Florida. Alles, was man sich unter dem Begriff »Amerika« vorstellt, ist hier im Osten zu finden: Wall Street und Walt Disney, Strände und historische Schlachtfelder, glitzernde Broadwaylichter und stille Nationalparks, die intellektuellen »Eierköpfe« von Harvard und beidseitig gebratene Frühstückseier.

Wo soll man anfangen? Heutzutage werden von Europa aus nicht nur Nonstop-Flüge nach New York, sondern auch nach Boston, Washington und Atlanta angeboten. Entfernungen und eine komplizierte Anreise sind längst nicht mehr das Problem, wohl aber die Auswahl dessen, was man sehen möchte. Gönnen Sie sich als Einstieg eine Prise Kultur in den hervorragenden Museen und Galerien Washingtons, genießen Sie den stillen Charme des historischen Neuengland, oder beginnen Sie gleich mit der untypischsten aller amerikanischen Städte – mit dem lauten, chaotischen und dennoch höchst liebenswerten New York.

Internationale Flughäfen
Früher gab es keine Wahl: Als Europäer flog man stets den New Yorker John F. Kennedy Airport (ehemals *Idlewild*) an. Seit den ersten viel bestaunten Direktflügen zwischen London oder Paris und New York hat sich einiges

verändert. Der Glanz der ersten Jahre wich schnell der Fließbandabfertigung der ins Land strömenden Massen. Bald gab es auch in anderen Flughäfen an der Ostküste Zoll- und Einwanderungskontrollen für Reisende aus Übersee.

Viele bevorzugen immer noch die traditionelle Flugroute Europa–New York, sei es aus geschäftlichen oder nostalgischen Gründen oder einfach wegen der häufigeren Verbindungen. Doch heute gibt es alternative Reisemöglichkeiten, die ebenfalls ihre Vorteile haben. So können je nach Ziel und individuellem Bedürfnis sogenannte Gabelflüge mit unterschiedlichem Ankunfts- und Abflughafen – z.B. Ankunft in Boston und Abflug in Miami – interessant sein. Dazwischen ist alles Sehenswerte im Osten der USA mit Mietwagen, Bus oder Bahn erreichbar. Für große Distanzen bieten sich die relativ preisgünstigen Inlandflüge an.

Mietwagen – ja oder nein?

Die internationalen Autoverleihfirmen locken Besucher immer wieder mit Spezialangeboten für eine Woche New York. Doch überlegen Sie sich das gut. Das Verkehrschaos, die ewige Parkplatzsuche, heulende Feuerwehrfahrzeuge und hupende Taxis sind nicht gerade angenehm. Ein wesentlich besseres Fortbewegungsmittel ist die schnelle *Subway*, die bequemen, klimatisierten Busse und die Taxis mit ihren oft etwas eigenwilligen Fahrern.

Auch in Boston, Philadelphia und Washington kommt man ohne Auto zurecht: Die Sehenswürdigkeiten sind nicht weit voneinander entfernt und gut mit öffentlichen Verkehrsmitteln erreichbar. Atlanta dagegen ist eine sehr weitläufige, von *superhighways* durchzogene Stadt, die Sie mithilfe eines Stadtplans ideal mit dem Auto erkunden können. Doch auch hier ist der öffentliche Nahverkehr sehr gut ausgebaut.

Außerhalb der Metropolen ist das Auto das beste Verkehrsmittel. Die Parkplatzsuche bildet in vielen kleineren Städten noch kein Problem; Fahrten im eigenen Wagen ermöglichen zudem spontane Abstecher und Umwege, die sich oft als lohnend erweisen.

Land und Leute

Amerika ist ein Schmelztiegel verschiedenster Völker und Kulturen. In Boston leben so viele Zugezogene, dass der näselnde, als »typisch englisch« geltende Bostoner Akzent immer mehr zu einem Einheitsamerikanisch verflacht. Über die vielen regionalen Dialektausdrücke wird man aber immer wieder erstaunt stolpern.

Die italienischen, polnischen, deutschen, tschechischen und jüdischen Immigranten der ersten Generation mussten und wollten sich integrieren. Sie lernten Englisch so, wie es in ihrer neuen Heimat gesprochen wurde, und schon ihre Kinder waren kaum mehr der eigentlichen Muttersprache mächtig. Bei den heutigen Einwanderern geht die Tendenz eher dahin, den eigenen kulturellen Hintergrund zu bewahren. Der Zustrom von Vietnamesen, Iranern, Afghanen, Äthiopiern und anderen Menschen aus Dritte-Welt-Ländern bringt zwar immer wieder Bildungs- und Verständigungsprobleme mit sich, auf lange Sicht profitiert das Land jedoch von dieser kulturellen Vielfalt – nicht zuletzt auf kulinarischem Gebiet, wie Sie sehr bald feststellen werden.

Hartnäckig halten sich auch einige alte Klischees über die Amerikaner selbst – wie das vom schweigsamen Neuengländer, vom neunmalklugen New Yorker oder vom langsamen Südstaatler. Nehmen Sie sie nicht allzu ernst. Dieses Land des ständigen Wandels, wo Spontaneität und Erfindungsreichtum groß geschrieben werden, ist immer für eine Überraschung gut.

Kontrastreicher Osten der USA: die zerklüftete Küste von Maine im Acadia National Park; New Yorker Skyline mit der Brooklyn Bridge; Nahansicht des Supreme Court in Washington; malerische Eichenallee in South Carolina.

Das National Museum of the American Indian in Washington bewahrt das kulturelle Erbe der indigenen Völker der USA.

flickr.com/Palsson

RÜCKBLENDE

Noch bis vor Kurzem lernten amerikanische Schulkinder, dass mit dem 12. Oktober 1492, dem Tag der Entdeckung Amerikas, die Geschichte des Landes begann. Heute legt man dagegen Wert auf die Tatsache, dass Amerika bereits lange vor Kolumbus, ja sogar vor Ankunft der Wikinger bewohnt war.

Die Urbevölkerung war über einen Zeitraum von Tausenden von Jahren über die Beringstraße aus Asien nach Alaska eingewandert und von dort bis zum Atlantik vorgedrungen. Sie stand den europäischen Neuankömmlingen verständlicherweise oft feindlich gegenüber – bis 1890 gab es immer wieder Kämpfe um den Besitz des Landes. Einige Indianervölker lebten jedoch friedlich mit den Weißen zusammen, trieben Handel mit ihnen und lehrten sie sogar, in der Wildnis zurechtzukommen. So hätten etwa die englischen Pilgerväter ohne die Hilfe der Wampanoag-Indianer in Plymouth schwerlich überlebt.

Entdecker und Siedler

Kaum hatte Kolumbus seinen Geldgebern, den katholischen Königen Ferdinand und Isabella von Kastilien und Aragonien, von dem neuen Land berichtet, da traten auch schon Entdecker aus anderen europäischen Ländern auf den Plan. John Cabot segelte auf der Suche nach den Reichtümern des Orients im Auftrag der englischen Krone erfolglos die Küste von Kanada bis nach Delaware entlang; der spanische Seefahrer Juan Ponce de León erforschte Florida, ohne den erhofften Jungbrunnen zu finden.

1607 errichtete John Smith in Jamestown in Virginia die erste dauerhafte englische Siedlung. Hunger, Krankheiten und Indianerüberfälle machten den Pionieren schwer zu schaffen, und sie hielten nur dank der Hilfslieferungen aus der Heimat durch. Im Laufe der Zeit entwickelte sich Jamestown zu einem wichtigen Handelsplatz. Zu den ersten Exportgütern zählte der von den Indianern angebaute Tabak. 1619 kamen hier die ersten schwarzen Sklaven ins Land, um auf den Tabakplantagen zu arbeiten. Trotz aller Schwierigkeiten waren die

Siedler von Jamestown sehr geschäftstüchtig.

Dann landeten 1620 neue, idealistische Einwanderer: Vom englischen Plymouth aus segelten die Pilgerväter – Puritaner, die vor der Staatskirche flohen – mit der *Mayflower* nach Amerika und gründeten an der Küste von Massachusetts eine Kolonie.

Zum Spottpreis

1609 erreichte Henry Hudson, ein Engländer in holländischen Diensten, den Hafen des heutigen New York und erkundete den Flusslauf, der später einmal seinen Namen tragen sollte. 1626 schloss die Niederländisch-Westindische Gesellschaft mit den Algonquin-Indianern einen überaus vorteilhaften Handel ab: Als Gegenleistung für Glasperlen und Kleidung im Wert von 60 Gulden erwarben sie die Insel, die heute als Manhattan das Herz New Yorks bildet, und nannten sie *Neu Amsterdam*. Den Engländern, die inzwischen in der ganzen Gegend Kolonien gegründet hatten, war die bald florierende Stadt jedoch ein Dorn im Auge. 1664 gelang es ihnen, die Holländer zu vertreiben, und sie tauften die Kolonie zu Ehren des Herzogs von York in New York um.

Frieden und Zufluchtsstätte

In die Rivalitäten zwischen den europäischen Mächten wurden immer mehr Kolonien verstrickt. So war Pennsylvania zunächst ein holländischer Handelsposten, später kam es unter schwedische Herrschaft. 1655 eroberten die Holländer *New Sweden* zurück, und schließlich fiel es an England. König Charles II. schenkte das Gebiet dem Quäker William Penn, einem unermüdlichen Verfechter der Religionsfreiheit. Anders als viele andere Pioniere bestand der friedliebende Penn jedoch darauf, den Indianern ihr Land abzukaufen. Die Kolonie entwickelte sich zu einem Sammelbecken für Idealisten und Flüchtlinge aus Großbritannien, Deutschland und Holland.

Revolution

Die Abhängigkeit der 13 Kolonien von Großbritannien gab bald Anlass zu Konflikten. Vor allem die Regelung, dass sie keine Vertreter in das britische Parlament entsenden durften, war den Kolonialisten ein Dorn im Auge. Die Steuern und Zölle waren zwar nicht hoch, doch es ging den Siedlern um das Prinzip. Den Briten dagegen schien es nur recht und billig, dass die Kolonien einen Beitrag zu ihrer eigenen Verteidigung leisteten. Der Konflikt spitzte sich immer mehr zu. Siedler, die sich »Söhne der Freiheit« nannten, griffen Zollstationen und Steuerbüros an, woraufhin die Briten Truppen nach Boston, der

Keimzelle der Rebellion, entsandten. Im März 1770 standen sich erstmals englische Soldaten und Aufständische gegenüber – fünf Menschen wurden beim »Massaker von Boston« getötet. Um die Gemüter zu beruhigen, schaffte die britische Regierung die umstrittenen Steuern ab (mit Ausnahme der Teesteuer), und vorerst kehrte wieder Ruhe ein.

1773 stürmte Samuel Adams mit seinen als Indianer verkleideten »Söhnen der Freiheit« drei im Bostoner Hafen liegende britische Schiffe und warf 300 Kisten Tee über Bord. Die sogenannte »Boston Tea Party« führte zu harten Strafmaßnahmen von Seiten der Briten. Die Kolonialisten griffen nun ebenfalls zu den Waffen, und im April 1775 kam es bei Boston zu den ersten Zusammenstößen. Mitten im Krieg, am 4. Juli 1776, erklärten die 13 Kolonien ihre Unabhängigkeit vom Mutterland Großbritannien, und nach fünf Jahren erbitterter Kämpfe mussten sich die britischen Streitkräfte den amerikanischen Truppen und ihren französischen Helfern in Yorktown beugen. Mit dem Pariser Friedensvertrag von 1783 war der amerikanische Unabhängigkeitskrieg beendet.

Eine neue Hauptstadt

In den ersten Jahren der Unabhängigkeit wechselte der Sitz der Regierung von Annapolis über

Das Porträt des ersten US-Präsidenten George Washington prägt die Ein-Dollar-Note.

Philadelphia nach New York und zurück nach Philadelphia. Bald wurden jedoch die Stimmen immer lauter, die den Bau einer neuen Hauptstadt befürworteten.

1790 bevollmächtigte der Kongress Präsident Washington, einen geeigneten Platz am Potomac River auszuwählen, und der französische Architekt Pierre Charles L'Enfant wurde mit der Planung des Regierungssitzes beauftragt. Nach dem Vorbild der französischen Kapitale entwarf er ein großzügig angelegtes Stadt-

Die Erinnerung an den Bürgerkrieg wird im Fort Pulaski bei Savannah wachgehalten.

bild mit den damals breitesten Boulevards der Welt. Zu einer Zeit, als eine Stadt mit 8000 Bewohnern bereits als riesig galt, träumte er von einer Einwohnerzahl von 800 000. 1793 wurde der Grundstein für das Kapitol gelegt; die Bauarbeiten an der Hauptstadt wurden selbst während des Bürgerkriegs fortgeführt.

Westwärts!
Nach der Unabhängigkeit war die territoriale Ausdehnung der neuen Nation nicht mehr aufzuhalten. 1803 kauften die Amerikaner Frankreich Louisiana ab; Kentucky, Tennessee und Ohio folgten. Immer weiter nach Westen drängten die Siedler, und in den 1840er-Jahren war es das erklärte Ziel der Vereinigten Staaten, ihren Herrschaftsbereich bis zum Pazifik auszudehnen. Texas wurde den Mexikanern entrissen, Kalifornien und der amerikanische Südwesten im darauffolgenden Krieg erbeutet. Nach einigen Querelen mit den Briten erweiterte man das amerikanische Territorium noch um die Gebiete im Nordwesten an der Pazifikküste.

Bereits 1812 stellte die neue Nation ihre Stärke unter Beweis, indem sie die Briten vertrieb, die die atlantischen Häfen blockiert und das Weiße Haus niedergebrannt hatten. Zugleich eigneten sie sich auch die Gebiete der Indianer an, die mit den Briten verbündet gewesen waren. Das wirtschaftliche Machtzentrum der Nation lag weiterhin in den Städten an der Ostküste, wo Finanzleute und Händler den Bau der Kanäle, Straßen und Eisenbahnen vorantrieben, die das Land in Richtung Westen erschließen sollten.

Der Bürgerkrieg
Die Sklaverei war seit ihrer Einführung in den amerikanischen Kolonien ein umstrittenes Thema. Der Süden war auf die Arbeit der Sklaven in den Plantagen angewiesen, der Norden lehnte sie ab. Durch die Ausdehnung des Staatsgebiets nach Westen ließ sich die Lösung des Problems nicht weiter aufschieben: Sollte in den neuen Staaten die Sklaverei toleriert werden oder nicht? 1860 wurde Abraham Lincoln zum Präsidenten gewählt, doch nur dank den Stimmen der Nordstaaten. Elf Südstaaten sagten sich daraufhin von der Union los und gründeten die Konföderierten Staaten von Amerika – was die Nordstaaten (Union) nicht akzeptierten.

Der Bürgerkrieg begann am 12. April 1861, als die Miliz von South Carolina den Nordstaaten-Stützpunkt Fort Sumter beschoss. Unter Führung von General Robert E. Lee gewannen die Konföderierten einige Schlachten und stießen zweimal auf das Gebiet der Union vor. Dann gelang es den Unionstruppen, große Gebiete im Mittelwesten und im Mississippi-Tal zu erobern. Schließlich drangen sie auf dem legendären »Marsch zum Meer« bis ins Kernland des Südens vor. Von feindlichen Truppen umzingelt und ohne Hoffnung auf Verstärkung und Nachschub, ergab sich Lee am 9. April 1865 General Ulysses S. Grant. Fünf Tage später wurde Präsident Lincoln im Ford's Theater in Washington von einem fanatischen Anhänger der Südstaaten ermordet.

Nach Kriegsende war der Wiederaufbau des Südens die vordringlichste Aufgabe, was mit erbitterten Meinungsverschiedenheiten einherging. Typische Vertreter dieser Zeit waren die *carpetbaggers* (sogenannt nach der Reisetasche, in der sie ihre Habe mit sich führten), politische Abenteurer aus dem Norden, die durch Manipulation der neuen schwarzen Wähler im Süden an die Macht kommen wollten. In dieser Zeit der Wirren entstanden zahlreiche Geheimbünde – so auch der Ku-Klux-Klan, der die Vormachtstellung der Weißen nicht aufgeben wollte.

Schritt ins 20. Jh.
Das Ende des 19. Jh. war von weiterer territorialer Ausdehnung gekennzeichnet. Das Staatsgebiet erweiterte sich um Alaska, Hawaii, Puerto Rico; eine Zeit lang gehörten selbst die Philippinen und Kuba dazu. Stahl, Öl, Eisenbahnen und Maschinen verhalfen Industriekapitänen und Finanziers der Ostküste zu Reichtum. Die wirtschaftliche Entwicklung des Landes steuerte auf einen Höhepunkt zu. Tausende von Einwanderern strömten ins Land und fanden in Städten wie New York und Boston Arbeit.

Der 1913 gewählte Präsident Woodrow Wilson brachte neue Ideen in die amerikanische Politik ein. Ein Ziel war die Sicherung des Weltfriedens, und er bemühte sich, Amerika aus dem 1. Weltkrieg herauszuhalten. Seine Nachfolger betrieben dagegen eine Politik der Isolation und verhinderten den Beitritt der USA zum Völkerbund.

Krisen
In den 1920er-Jahren wurden mit Börsengeschäften und Grundstücksspekulationen riesige Gewinne erzielt, bis 1929 der Börsenkrach dem Boom ein Ende bereitete, und Präsident Franklin D. Roosevelt zur Verkündigung einer Reihe von Notstandsgesetzen und zur Einführung zahlreicher Sozial- und Wirtschaftsreformen veranlasste. Als in Europa wieder Krieg ausbrach, hoffte Amerika erneut, neutral bleiben zu können. Dieser Wunsch wurde mit der Bombardierung von Pearl Harbor durch die Japaner Ende 1941 zunichte gemacht.

Weltmacht

In der Zeit nach dem 2. Weltkrieg versuchte Amerika mit allen Mitteln, die Ausbreitung des Kommunismus zu verhindern. Als wichtigster Gegenspieler der Sowjetunion im Kalten Krieg wurde es in die Auseinandersetzungen in Korea und Vietnam verwickelt.

Innenpolitisch spielte die Durchsetzung der Gleichberechtigung der Schwarzen eine große Rolle. Mit Martin Luther King Jr. kam die Bürgerrechtsbewegung im Kampf gegen die Rassentrennung erfolgreich ins Rollen.

Nach dem Zerfall der Sowjetunion standen die USA als einzige Supermacht der Welt mit enormem wirtschaftlichem und militärischem Potenzial da. Dank moderner Kommunikationsmittel breiten sich die neuesten amerikanischen Trends in Mode, Wirtschaft und Unterhaltung unaufhaltsam auf der ganzen Welt aus.

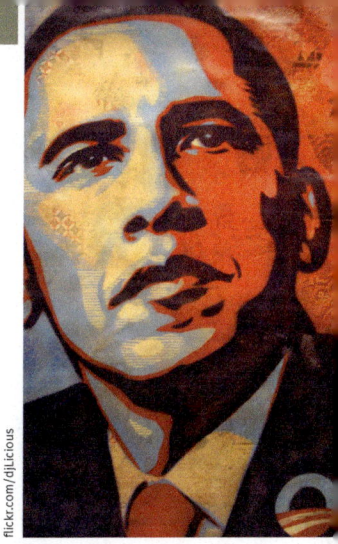

Barack Obama auf dem berühmten »Hope«-Poster des Streetart-Künstlers Shepard Fairey.

Neue Herausforderungen

Infolge der tragischen Ereignisse des 11. September 2001, als entführte Passagierflugzeuge in die Türme des World Trade Centers von Manhattan und in das Pentagon von Washington rasten, riefen die USA zum Krieg gegen den Terrorismus auf. Im Inland wurde versucht, mit rigiden Sicherheitsmaßnahmen mögliche Feinde aufzuspüren und weitere Anschläge zu verhindern; im Ausland drangen US-Truppen in Afghanistan und im Irak ein.

Barack Hussein Obamas Wahl zum ersten afroamerikanischen US-Präsidenten Ende 2008 wurde vielerorts als ermutigendes Zeichen für eine verantwortungsbewusstere Haltung der Supermacht in der schwierigen Weltsituation gedeutet. Seine nur knappe Wiederwahl 2012 war auch der weltweiten Wirtschaftskrise geschuldet, die die USA mit voller Wucht traf und Hunderttausende arbeitslos machte.

Massachusetts zeigt sich stolz auf seine reiche Geschichte und seine Universitäten.

UNTERWEGS

Die 13 Gründungskolonien liegen entlang der ganzen Atlantikküste, doch Macht und Einfluss konzentrierten sich in Boston, New York und Philadelphia. Heute kommen Touristen aus aller Welt, um die herbstlich gefärbten Wälder, die herrlichen Kunstwerke in den Museen, die berühmten Denkmäler oder ein Baseballspiel zu sehen. In den folgenden Kapiteln begleiten wir Sie durch die einzelnen Staaten, von Massachusetts und Maine im Norden über Washington bis nach South Carolina und Georgia im Süden.

Von Boston nach Bar Harbor

Der kontrastreiche Nordosten der USA zieht jeden Besucher unweigerlich in seinen Bann: Von Boston, dem wirtschaftlichen und kulturellen Mittelpunkt Neuenglands, führt unsere Reise durch die liebenswürdigen Kleinstädte Massachusetts zu den Sanddünen von Cape Cod und in die einst blühende Kolonialstadt Newport auf Rhode Island. An der Grenze zu Kanada erwartet Sie schließlich die felsige Küste von Maine.

Boston

Boston gilt als Geburtsstätte der amerikanischen Unabhängigkeit, als die Stadt, in der die Idee der Vereinigten Staaten Amerikas ihren Anfang nahm. Entscheidende Ereignisse auf dem Weg zur Revolution trugen sich hier zu: das Massaker von Boston und die Boston Tea Party. Bostoner boten den britischen Truppen in Lexington und Concord Widerstand, kämpften tapfer in der Schlacht von Bunker Hill und zwangen schließlich die Engländer zum Rückzug auf ihre Schiffe. Andere Kolonien fassten sich daraufhin ein Herz und folgten ihrem Beispiel.

Auch im 19. Jh. war Boston ein leuchtendes Vorbild. Es galt als Kulturhauptstadt mit den besten Ausbildungsstätten des Landes. Die Amerikaner lasen die Schriften ihrer Dichter und Denker. Sie hörten auf ihre entschiedenen Gegner der Sklaverei und

Eine rote Linie sowie in den Gehsteig eingelassene Ziegelsteine markieren den Freedom Trail.

ahmten ihre Architekten nach. In den Augen der übrigen Amerikaner verkörperten die »echten« Bostoner eine gute Kinderstube, gediegene Bildung und diskreten Wohlstand, selbst als sie durch die vielen Einwanderer in die Minderzahl gerieten.

Das moderne Boston breitet sich weit landeinwärts aus. Durch Trockenlegung ist dem Meer zwar Land abgewonnen worden, doch die Umrisse der kolonialen Stadt sind noch immer zu erkennen. Die meisten Sehenswürdigkeiten kann man zu Fuß besichtigen. Ein guter Ausgangspunkt ist **Boston Common**, die grüne Lunge der Stadt, wo sich 1630 die ersten Siedler, 900 Puritaner, niederließen. Der Mitte des 19. Jh. angelegte **Public Garden** gleich nebenan war der erste botanische Garten des Landes.

Freedom Trail

Eine Hauptattraktion Bostons ist der rund 4 km lange Freedom Trail, der die wichtigsten historischen Stätten miteinander verbindet. Beim **Visitor Information Center** in der 147 Tremont Street am Common sind Pläne und anderes Informationsmaterial erhältlich.

Massachusetts State House

Erstes Ziel ist die goldene Kuppel dieses reizvollen Backsteinbaus. Der Mittelteil stammt aus dem Jahr 1798. Architekt war Charles Bulfinch, ein Sohn der Stadt, der auch das Kapitol in Washington schuf.

Park Street Church

In der 1809 erbauten Kirche mit ihrem weißen Turm wurde im Krieg von 1812 gegen Großbritannien Schießpulver gelagert. Viel explosiver waren jedoch William Lloyd Garrisons Reden gegen die Sklaverei, die dieser flammende Abolitionist 1829 hier hielt. Auf dem Friedhof der Kirche, dem **Granary Burying Ground**, ruhen neben den Opfern des Bostoner Massakers auch der Patriot Paul Revere und drei Unterzeichner der Unabhängigkeitserklärung: John Hancock, Samuel Adams und Robert Treat Paine.

King's Chapel
Sie war die erste aus Stein errichtete Kirche in den Kolonien (1754). Ursprünglich anglikanisch, wurde sie nach der Unabhängigkeit, als man sich auch von Englands Staatskirche trennte, unitarisch. Die dunklen Granitmauern und der strenge Säulenvorbau stehen in starkem Kontrast zu der in warmen Tönen gehaltenen Innenausstattung.

Old South Meeting House
Die ehemalige Andachtsstätte der Puritaner aus dem Jahr 1729 ist heute ein Revolutionsmuseum. Hier plante Samuel Adams die Boston Tea Party.

Der britische Gouverneur hatte seinen Amtssitz im nahen **Old State House** (1713), und heute noch schmücken es die königlichen Wappentiere: Löwe und Einhorn. Ein Kreis aus Pflastersteinen in der Congress Street vor dem Gebäude kennzeichnet den Schauplatz des Massakers von Boston.

Faneuil Hall
Die 1742 errichtete Markthalle mit dem darüber liegenden Versammlungssaal wird gern als »Wiege der Freiheit« bezeichnet. Seit mehr als zwei Jahrhunderten haben berühmte Politiker hier ihre Reden gehalten, von Samuel Adams bis John F. Kennedy und Bill Clinton. Auf der goldenen Kuppel des Backsteinbaus dreht sich eine Wetterfahne in Gestalt einer Heuschrecke.

Faneuil Hall blickt auf eine von Bäumen beschattete quirlige Fußgängerzone mit den liebevoll renovierten Gebäuden von **Faneuil Hall Marketplace**. In drei langen Hallen aus Granit (Quincy Market, South und North Market) befinden sich Boutiquen, Galerien, Delikatessgeschäfte, Cafés, Restaurants und ein Nachtklub.

Government Center
An der Westseite des Marketplace zeigt sich das moderne Gesicht Bostons: im *Government Center* sowie den zwei Türmen des *John F. Kennedy Federal Building* und der umgekehrten Betonpyramide der *City Hall*. Die aggressive Architektur wird aufgelockert durch das rote Ziegelsteinpflaster und die weitläufigen Plätze, die einen Blick auf das historische Boston freigeben.

North End
Gehen Sie jetzt die Union und die Marshall Street entlang, so gelangen Sie ins Herz des fröhlichbunten italienischen Viertels. Am North Square steht das älteste

Haus der Stadt, das **Paul Revere House** (1680). Der Silberschmied Revere zog 1770 hierher, fünf Jahre vor seinem historischen Mitternachtsritt von Boston nach Lexington, um die Patrioten vor dem Anmarsch der Briten zu warnen, die im benachbarten Concord ihre Waffen und Munition konfiszieren wollten.

Hinter dem Reiterstandbild des Helden der Revolution auf der Paul Revere Mall erhebt sich die schöne **Old North Church** (1723). Im Turm dieser Kirche wurden in der Nacht vom 18. April 1775 zwei Laternen aufgehängt, die Revere das Ausrücken der Briten signalisierten.

Charlestown

Der Freedom Trail führt von North End weiter über die Charlestown Bridge. Charlestown wurde bereits ein Jahr vor Boston, im Jahr 1629, gegründet.

Im **Charlestown Navy Yard** ist Amerikas berühmtestes Schiff, die 1796 in Boston gebaute *USS Constitution*, ausgestellt. Sie erhielt den Spitznamen »Old Ironsides«, weil ihr Rumpf aus Eichenholz im Krieg von 1812 dem Kanonenfeuer der Briten widerstand. Seeleute in den Uniformen der damaligen Zeit führen Besucher durch das Schiff.

Im nahen **Bunker Hill Pavilion** kann man in einer Multimediashow die Schlacht vom 17. Juni 1775 am Bunker Hill miterleben, bei der den Amerikanern die Munition ausging. Der Blick vom 65 m hohen Steinobelisken des **Bunker Hill Monument** oben auf der Anhöhe entschädigt für den Aufstieg (294 Stufen).

Hafenviertel

Von der **Long Wharf** am Ende der State Street verließen die britischen Truppen im März 1776 Boston. So kurz nach Kriegsbeginn hielten viele diesen Abzug für vorübergehend – tatsächlich aber war er der Anfang vom Ende. Heute legen hier die Schiffe für die Hafenrundfahrten ab; die Boote zum Logan Airport starten von **Rowes Wharf**. Das **New England Aquarium** auf der Central Wharf ist eines der größten und schönsten der Welt.

Nach umfassendem Umbau wurde am Westende der Congress Bridge 2012 das **Boston Tea Party Ships & Museum** wiedereröffnet. Zu sehen sind hier die originalgetreuen Nachbildungen der drei Schiffe, die die Bostoner 1773 aus Protest gegen die britischen Steuern stürmten, genauer die *Dartmouth*, *Eleanor* und *Beaver*.

Im **Children's Museum** (Children's Wharf, 308 Congress St) gibt es zahlreiche Möglichkeiten für die Kinder, sich interaktiv zu betätigen, spielerisch Wissen anzueignen oder einfach zu vergnügen.

Beacon Hill

Auf dem Rückweg Richtung Norden liegt zwischen dem Government Center und dem Common Beacon Hill, lange Zeit Bostons Nobeladresse. An der von Zedern und Kastanienbäumen gesäumten **Mount Vernon Street** und dem **Louisburg Square** stehen die schönsten Wohnbauten der Stadt, viele davon um 1790 von Charles Bulfinch erbaut. Ihre schlichten Backsteinfassaden galten als Inbegriff der Bostoner Vornehmheit. Den Louisburg Square mit dem privaten Park in der Mitte rahmen zwei Reihen eleganter Häuser mit gerundeten Erkern ein.

Back Bay

Das Gebiet westlich des Public Garden war tatsächlich eine Bucht, die erst Mitte des 19. Jh. für den Bau eines Wohnviertels für reiche Kaufleute zugeschüttet wurde. Ehrwürdige Gebäude wie die **Boston Public Library** werden nun von Wolkenkratzern und den Komplexen des Christian Science Center und des Prudential Center in den Schatten gestellt. Architektonisch bedeutend ist der elegante **John Hancock Tower** von I. M. Pei. Der 260 m hohe prismaförmige Turm zieht mit seiner V-Einkerbung an beiden Seiten die Aufmerksamkeit auf sich. In der blauen Glasfassade spiegelt sich die **Trinity Church** aus dem späten 19. Jh.

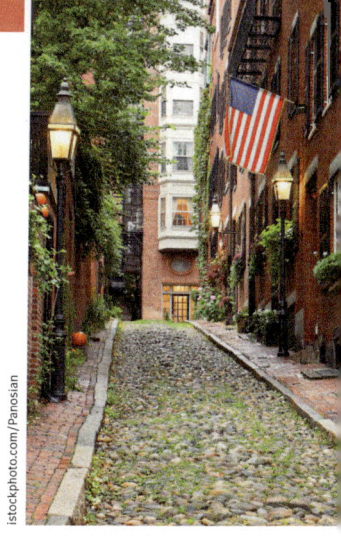

In Beacon Hill lässt sich's gut leben, hier die malerische Acorn Street.

Vom Aussichtsdeck im 50. Stockwerk des **Prudential Tower** reicht der Blick über den Charles River nach Cambridge und an klaren Tagen bis zum Cape Cod.

Museum of Fine Arts

In Fenway, Teil einer ausgedehnten Parkanlage westlich von Back Bay, entstand im 19. Jh. aus privaten Schenkungen eine der größten Kunstsammlungen der Welt. Für die der Stadt von weit gereisten Bostonern überlassenen Kunstwerke wurde ein großartiger griechischer Tempel errichtet.

Der grandiose öffentliche Lesesaal der Boston Public Library, Bates Hall, ist schlicht überwältigend.

Neben den reich ausgestatteten orientalischen und ägyptischen Abteilungen sind hier auch amerikanische Malerei, Möbel und Silber sowie Werke der berühmten französischen Impressionisten und Postimpressionisten zu bewundern. Die zeitgenössische Kunst ist im glasgedeckten Westflügel des Architekten I. M. Pei untergebracht.

Zusätzliche Ausstellungsfläche gewinnt das Museum mit dem Ende 2010 eröffneten, vom Stararchitekten Sir Norman Foster gestalteten Erweiterungsbau »Art of the Americas Wing«.

Isabella Stewart Gardner Museum
Ebenfalls in Fenway liegt diese an einen venezianischen Palazzo erinnernde Renaissance-Villa mit ihrem schönen Innenhof. Sie ist der passende Rahmen für die einzigartige Sammlung italienischer Kunst, die von der unkonventionellen Ehefrau eines vermögenden Bostoner Finanziers auf zahlreichen Europareisen zusammengetragen wurde.

John F. Kennedy Presidential Library and Museum
Weiter südlich, bei Columbia Point im Stadtteil Dorchester, befindet sich in einem beeindruckenden, von I. M. Pei entworfenen Glas-Beton-Bau mit Blick auf das Meer diese John F. Kennedy gewidmete Institution. Das Museum versammelt Erinnerungsstücke von Massachusetts berühmtestem Sohn und wirft ein erhellendes Licht auf die Hintergründe des Handelns und das Vermächtnis dieses noch immer populärsten Präsidenten der USA. Zu sehen sind Fotografien, Videobänder mit Aufzeichnungen seiner Ansprachen, Papiere und Dokumente über seine Jugend, seine Familie und sein politisches Leben. Ein Teil der Ausstellung ist auch der ehemaligen First Lady Jackie Kennedy gewidmet.

Cambridge

Die Stadt am Nordufer des Charles River gegenüber von Boston ist von der **Harvard University** geprägt. Ihr Name geht auf den Geistlichen John Harvard zurück, der der 1636 gegründeten Universität die Hälfte seines Vermögens von £780 und und seine Bibliothek mit 320 Büchern vermachte. Heute verfügt sie über viele Milliarden Dollar und weit über 10 Millionen Bücher. Dank der Vielfalt der Studienfächer und der Qualität der Forschung gilt die Harvard University – mit dem ihr seit 1963 angeschlossenen Radcliffe College für Frauen – immer noch als eine der besten Hochschulen Amerikas.

Harvard Square

An diesem Platz am westlichen Ende der Massachusetts Avenue drängen sich Cafés, Restaurants und hervorragende Buchhandlungen. Die meisten Universitätsgebäude rund um Harvard Yard, wie etwa **Massachusetts Hall** (1720) und **Harvard Hall** (1766), sind im traditionellen Neuengland-Stil aus rotem Backstein errichtet oder wie **Wadsworth House** (1726), das früher den Rektoren als Wohnung diente, mit Holz verkleidet.

Klassizistisch im Stil ist das von Charles Bulfinch entworfene Granitgebäude der **University Hall** (1815), neugotisch die **Memorial Hall** (1878).

Brattle Street

In dieser Straße westlich vom Harvard Square stehen einige schöne Häuser aus dem 18. Jh. In der Nr. 105 lebte von 1837 bis zu seinem Tod 1882 der Dichter Henry Wadsworth Longfellow, der in Harvard neuere Sprachen lehrte und hier *Hiawatha* schrieb. Davor hatte das Haus während der Belagerung von Boston als Hauptquartier George Washingtons gedient.

In der Umgebung von Boston

Rund um Boston liegen Städte, die an die Zeit der ersten Siedler und an den Kampf um die Unabhängigkeit erinnern. An der Küste von Massachusetts locken die Sandstrände von Cape Cod sowie Nantucket und Martha's Vineyard – einst Zentren des Walfangs, heute herrliche Ferieninseln. Auch New Bedford stand einst ganz im Zeichen des Walfangs, und Fall River lohnt für sein Kriegsschiffmuseum einen Abstecher.

Lexington

Mit Dorfplatz, Kirche und Gasthaus sieht Lexington wie viele andere neuenglische Kleinstädte aus, sein Name ist aber untrennbar mit der amerikanischen Geschichte verbunden. Hierher ritt Paul Revere in der Nacht des 18. April 1775, um die politischen Führer der Revolution, John Hancock und Samuel Adams, vor dem Anmarsch der Briten zu warnen. Das Gasthaus, **Buckman Tavern**, war Sammelpunkt der 77 *Minutemen,* Mitglieder der freiwilligen Bürgerwehr. Am einen Ende des Angers sehen Sie die Statue ihres Anführers Captain Parker, am anderen das Revolutionsdenkmal mit Parkers Worten: »Haltet stand! Schießt nur, wenn auf euch geschossen wird. Wenn sie aber Krieg wollen, dann soll er hier beginnen.«

Der Krieg begann am folgenden Tag um 5 Uhr morgens, als die ersten der 700 britischen Soldaten eintrafen. Ein Schuss ging los, die Rotröcke eröffneten das Feuer und acht Minutemen fielen in dem Scharmützel. Die Verwundeten wurden in die Buckman Tavern gebracht, die heute wieder im Originalzustand zu sehen ist.

Concord

Von Lexington verlagerte sich das Kampfgeschehen auf das benachbarte Concord, wo Briten und Kolonisten an der **Old North Bridge** aufeinander stießen. Heute überspannt eine Nachbildung dieser Brücke etwas nördlich von Concord den baumgesäumten Fluss. Die **Minuteman Statue** kennzeichnet die Stelle, an der »die kampfbereiten Bauern standen und den Schuss abfeuerten, der rund um die Welt zu hören war«, wie Ralph Waldo Emerson in seiner *Concord Hymn* schrieb. Die Briten mussten den Rückzug antreten und kehrten, vom Feind bedrängt, nach Boston zurück.

Im 19. Jh. wurde Concord zum bevorzugten Zuhause für große Denker wie Emerson und Henry David Thoreau und Schriftsteller wie Nathaniel Hawthorne und Louisa May Alcott. Die Gebäude, in denen sie lebten, kann man besuchen. Südlich des Städtchens liegt der berühmte **Walden Pond**, der See, an dem die selbst gezimmerte Hütte Thoreaus stand.

Salem

Die Stadt an der Küste nördlich von Boston ist bekannt für ihre glorreiche Schifffahrtsvergangenheit und die Hexenprozesse des 17. Jh. Als sich Boston und New York zu Beginn des Unabhängigkeitskrieges noch in britischer Hand befanden, war Salem der wichtigste freie Hafen Amerikas. Später erwarben die Salemer Reeder im Chinahandel ein Vermögen.

Die einstige Hafengegend mit **Derby Wharf**, dem 650 m langen (heute völlig leeren) Pier, wurde zur historischen Stätte erklärt. Zentrum der Handelsaktivitäten mit dem Osten war das **Custom House**, jetzt ein Museum. Einige der bei diesen Reisen erworbenen Schätze und Reichtümer sind im **Peabody Essex Museum** am East India Square zu sehen. Nathaniel Hawthorne wurde in Salem geboren. Das durch seinen Roman berühmt gewordene **House of the Seven Gables** steht, stark restauriert, in der 115 Derby Street.

Wollen Sie sich sich über die schändlichen Hexenverfolgungen von 1692 informieren, folgen Sie den Schildern mit Hexen auf Besenstielen bis zum **Witch Museum** am Washington Square.

Plymouth

Diese kleine Stadt südöstlich von Boston wurde durch die Landung der 102 Pilger berühmt, die im Dezember 1602 mit der *Mayflower* hier ankamen. Man kann eine Nachbildung des Schiffes besichtigen – die Mannschaft trägt Uniformen aus dem 17. Jh.

Südlich des Hafens lässt **Plimoth Plantation** das Leben der frühen Siedler und der Wampanoag wieder erstehen. Die Indianer retteten die Einwanderer vor dem Hungertod, indem sie ihnen zeigten, wie man das Land bestellt, fischt und jagt.

Cape Cod

Die Sandstrände, Dünen und Sümpfe dieser hakenförmigen Halbinsel südlich von Boston ziehen so viele Wanderer, Radfahrer, Vogelbeobachter und Badegäste an, dass das empfindliche Gleichgewicht der Natur in Gefahr ist. Die Südküste ist bereits stark kommerzialisiert, doch die gesamte Ostküste wurde von Präsi-

Während des Indian Summer leuchten die Laubwälder Neuenglands in den wunderbarsten Farben.

dent J. F. Kennedy 1961 zum Schutzgebiet **Cape Cod National Seashore** erklärt. Im **Salt Pond Visitor Center** bei Eastham kann man sich über Geologie, Tiere und Pflanzen des Reservats informieren. Der **Pilgrim Spring Trail** unweit von Truro führt zu der Stelle, wo die Pilgerväter der *Mayflower* 1620 angeblich ihr erstes frisches Wasser in der Neuen Welt tranken.

Provincetown

Die Bucht von Provincetown an der Spitze der Halbinsel war der

Im Neuengland hat man auch den dekorativen Wert bunter Hummerbojen erkannt.

erste Landeplatz der Auswanderer nach ihrer entbehrungsreichen Überfahrt. Sie segelten jedoch schon bald weiter nach Plymouth. In der Folge siedelten sich in Provincetown Walfänger, Schmuggler und Künstler an – ein krasser Gegensatz zu den strenggläubigen Puritanern. Heute ist Provincetown ein beliebter Treffpunkt für Homosexuelle. Von der Aussichtsplattform des **Pilgrim Memorial Monument** in Form eines Campanile bietet sich ein herrlicher Blick über das Kap. Das **Provincetown Museum** an der High Pole Hill Road ist der Seefahrtsgeschichte des Ortes gewidmet, sehenswert sind die Walzahnschnitzereien.

Von **MacMillan Wharf** läuft nach wie vor die Fischereiflotte aus.

Nantucket

Nantucket, rund 40 km vor der Küste von Cape Cod, von den Indianern *Natockete* (»Land weit draußen im Meer«) genannt, ist eine eher karge Insel, die jedoch wegen ihres Naturhafens von Siedlern und Indianern geschätzt wurde. Anfang des 19. Jh. war Nantucket der größte Walfanghafen der Welt. Die Nachfrage nach Walöl als Brennstoff für Lampen machte Schiffseigentümer, Kapitäne und Kaufleute zu reichen Männern, die sich mit dem Geld elegante Villen bauten. Das Ende des Booms kam, als in Pennsylvania Erdöl entdeckt wurde, und um 1860 war Nantucket zu einem Provinznest abgesunken.

Schließlich entdeckten Feriengäste vom Festland den Zauber der Insel. Im Sommer lässt die Zahl der Urlauber die Bevölkerung von 7000 auf 40 000 ansteigen. Unzählige Leihfahrräder stehen für die mit der Fähre von Hyannis auf Cape Cod herüberkommenden Ausflügler bereit.

Das **Whaling Museum** in Nantucket Town in einer ehemaligen Walöl-Fabrik nahe Steamboat Wharf eignet sich gut zum Einstieg. Alte Hütten an der Straight Wharf wurden in Boutiquen und Restaurants umgewandelt; im Jachthafen liegen Boote. Das Leuchtschiff *Nantucket* am Ende des Kais lotste einst die Schiffe durch die Untiefen der South Shoals.

Die gepflasterte **Main Street** des Hafenstädtchens ist von kleinen Läden und schönen Gebäuden gesäumt. Das **Hawden House** (Nr. 96), eine klassizistische Villa mit weißen Säulen, lässt keinerlei Zweifel am Reichtum des ehemaligen Besitzers aufkommen. In der Vestal Street liegt das Gefängnis **Old Gaol** von 1805 mit dem Pranger, die Prospect Street führt zu der noch immer funktionstüchtigen Maismühle **Old Mill** (1746).

Martha's Vineyard

Der »Weingarten« liegt näher beim Festland und ist weniger ex-

Vor Cape Cod führt ein springender Buckelwal seine Kunststücke vor.

klusiv als Nantucket. Hier geht es etwas schwungvoller zu, zumindest im Sommer, wenn Scharen von Tagesausflüglern in **Edgartown**, dem größten der drei Häfen, ankommen. Viele der Besucher mieten hier Fahrräder, um das Innere der Insel mit seinen Mooren zu erkunden oder aber die Küste entlang zu strampeln, wo weiße Sandstrände mit Felsen und hohen Kliffs abwechseln.

New Bedford

Um 1830 hatte New Bedford, das über einen Seehafen und Bahnverbindungen verfügte, der Insel Nantucket den Rang als Zentrum des Walfangs abgelaufen. In seiner Blütezeit waren hier 329 Walfangschiffe registriert.

Die Geschichte jener turbulenten Tage kann man im **New Bedford Whaling Museum** auf dem Johnny Cake Hill verfolgen, wo neben Walzahnschnitzereien und Gemälden ein fast 30 m langes Modell eines mit Rahsegeln getakelten Walfangschiffs zu sehen ist. Die Kapelle **Seamen's Bethel** mit einer Kanzel in der Form eines Schiffsbugs wurde als einer der Schauplätze in Herman Melvilles *Moby Dick* bekannt. Heute gehört die Kapelle zusammen mit dem Museum, dem Visitor Center und weiteren von klassischer griechischer Architektur beeinflussten Gebäuden zum **New Bedford Whaling National Historical Park**.

Fall River

Im 19. und frühen 20. Jh. nahm diese Stadt (nordwestlich von New Bedford) einen wichtigen Platz in der amerikanischen Textilindustrie ein. Das **Marine Museum** hält die Erinnerung an die eleganten Dampfschiffe mit ihren 1000 Passagieren und 200 Mann Besatzung wach. Die Hauptattraktion von Fall River ist die **Battleship Cove**, das größte Kriegsschiffmuseum der Welt mit verschiedenen Schiffen der amerikanischen Marine aus dem 2. Weltkrieg.

Newport

Als die amerikanische Jacht *Liberty* 1983 gegen die *Australia II* verlor, ging eine Ära zu Ende. Mehr als 50 Jahre lang war Newport Austragungsort des berühmtesten Segelrennens der Welt um den »America's Cup« gewesen, den seit 1851 immer amerikanische Boote gewonnen hatten.

Zwar findet die Regatta heute andernorts statt, doch Newport hat nach wie vor seine *America's Cup Avenue*. Doch der Reize der Stadt an der Südspitze von Rhode Island sind viele: Dazu zählen die schöne Lage am Eingang zur Narragansett Bay, das angenehme Klima, die vielfältigen Sportmöglichkeiten sowie kulturellen Angebote und mehr als drei Jahrhunderte sichtbarer Geschichte.

Im 17. Jh. von einer Gruppe religiöser Dissidenten gegründet, war Newport Zufluchtsort für Menschen, die Glaubensfreiheit suchten. Baptisten, Quäker und Juden gehörten zu den ersten Siedlern, die aus Newport eine kosmopolitische Stadt machten. Im 18. Jh. wurde sie zu einem bedeutenden Hafen und kulturellen Brennpunkt. Die Bewohner erbauten elegante Häuser und schöne Kirchen. Auf das »Goldene Zeitalter« folgte eine dunkle Epoche während der Amerikanischen Revolution, als die Briten Newport besetzten und weitgehend zerstörten. Es dauerte lange, bis es sich von diesem Schlag erholt hatte. Doch nach dem Sezessionskrieg (1865) brach das »Vergoldete Zeitalter« an, als die reichsten Familien Amerikas wie die Astors und Vanderbilts Newport zu ihrem Sommerspielplatz machten. Eine Party jagte die andere, veranstaltet in Palästen, die ihre Besitzer *cottages* (Landhäuschen) nannten. Die Ausschweifungen fanden ein Ende, als die Vermögen im Lauf des 20. Jh. dahinschwanden. Geblieben sind die prunkvollen Sommersitze – einige kann man besichtigen –, ebenso wie die vielen Kolonialbauten Newports.

Die Kolonialstadt

Der Washington Square, umgeben von Läden, Wohn- und Lagerhäusern, war in der Kolonialzeit der Brennpunkt von Newport.

Old Colony House

Der von Richard Munday entworfene reizvolle Backsteinbau mit seinem Balkon für öffentliche Ansprachen und Verkündigungen diente von 1739 bis 1900 als Sitz der Regierung von Rhode Island und steht auf einer sanften, den Platz beherrschenden Anhöhe.

Wanton-Lyman-Hazard House

Das älteste Wohnhaus der Stadt wurde ca. 1695 erbaut (Broadway 17). Stilistisch bildet es den Übergang von der einfachen Fachwerkkonstruktion der ersten Siedlerhäuser zur anspruchsvolleren klassizistischen Architektur.

White Horse Tavern

Bei dieser 1687 eröffneten Schenke in der Marlborough Street soll es sich um die älteste immer noch betriebene Gastwirtschaft Amerikas handeln.

Great Friends Meeting House
Ebenfalls in der Marlborough Street steht dieses Haus der Quäker aus dem Jahr 1699, ein trotz An- und Umbauten schönes Beispiel kolonialer Architektur.

Hunter House
Weiter nördlich, im Viertel Easton's Point, trifft man in der Washington Street auf das Hunter House von 1748 mit einem prachtvollen Portal, das von einer in Stein gehauenen Ananas gekrönt ist. Sie war das Symbol der Gastfreundschaft im kolonialen Newport: Wenn ein Kapitän von einer langen Reise zurückkam, stellte er als Einladung zum »Rumpunsch der Heimkehr« eine Ananas vor der Tür auf. Die eleganten, mit Möbeln herausragender Kunsttischler, Gemälden und Zinngeräten geschmückten Innenräume lohnen einen Besuch.

Brick Market
Der vom Architekten Peter Harrison in klassizistischem Stil errichtete Brick Market (1762), einst Kornspeicher und Markthalle, war das Handelszentrum von Newport. Heute beherbergt es das **Museum of Newport History**.

Am nahen **Bowen's Wharf** sind die alten Lagerhäuser und Schiffsbedarfshandlungen zu Läden, Ateliers und Restaurants umgebaut worden.

Touro Synagogue
Die Touro Synagogue in der gleichnamigen Straße ist das älteste jüdische Gotteshaus in den USA und ein Meisterwerk Peter Harrisons. Obwohl sich Juden aus Amsterdam und Lissabon bereits um 1650 in Newport niederließen, entstand die Synagoge erst 1763. Das Gebäude ist so angelegt, dass die Räume auf Jerusalem ausgerichtet sind. Die schlichte Fassade steht in Kontrast zum reich geschmückten Inneren. Die zwölf Säulen, die die Empore tragen, stellen die zwölf Stämme Israels dar.

Redwood Library and Athenæum
Ein weiterer Beitrag Peter Harrisons zum architektonischen Erbe der Stadt ist die einem kleinen römischen Tempel nachempfundene Redwood Library (1748) in der Bellevue Avenue. Die Bibliothek enthält neben wertvollen Büchern auch eine Porträtsammlung.

Old Stone Mill
Das turmähnliche Bauwerk im Touro Park wurde möglicherweise im 17. Jh. als eine Kombination von Windmühle und Fort errichtet, also kaum, wie oft behauptet, schon von Wikingern.

Trinity Church
Die schlanke Spitze des Turmes der Kirche (1725–26) auf dem

Queen Anne Square ist weithin sichtbar und dient der Seefahrt als Navigationszeichen. Speziell ist die weinglasförmige Kanzel, von der George Berkeley oft predigte.

Newport Casino
Das Kasino (1880) weiter südlich in der Bellevue Avenue war einst ein exklusiver Sport- und Gesellschaftsklub. Hier wurden 1881 die ersten Tennismeisterschaften der USA ausgetragen. Die Anlagen gehören zur **International Tennis Hall of Fame & Museum**, einem dem Tennissport gewidmeten Museum, und heute kann man gegen eine Gebühr auf den makellosen Rasenplätzen spielen.

Die Newport Mansions
Mehreren der sagenhaften Überbleibsel aus Newports »Vergoldetem Zeitalter«, den *mansions*, begegnen Sie in der Bellevue Avenue und ihrer Umgebung.

The Elms
Der vom Château d'Asnières bei Paris inspirierte Renaissance-Sitz wurde vom renommierten Architekten Horace Trumbauer für den Kohle-Baron Berwind errichtet. Marmorstatuen, Fontänen und ein französisches Gartenparterre schmücken die Parkanlagen.

The Breakers
Das 70-Zimmer-»Landhäuschen« Cornelius Vanderbilts II. – ein

Dem Château d'Asnières bei Paris nachempfunden: The Elms.

von Richard Morris Hunt errichteter Palast im Stil der italienischen Renaissance – überblickt von Ochre Point aus die Eastern Bay. Das prunkvolle Interieur aus Alabaster, Marmor, Bronze und Gold verschlägt einem den Atem. Die Gärten entwarf Frederick Law Olmstead, der bereits den Central Park in New York schuf.

Rosecliff
Mrs. Herman »Tessie« Oelrichs, eine von Newports legendären Gastgeberinnen, herrschte über Rosecliff – eine Nachbildung des Grand Trianon in Versailles von Stanford White. Tessie führte ihr Anwesen mit eiserner Hand und inspizierte Haus und Gärten täglich. Schien ihr das Parkett nicht blitzblank zu sein, so griff sie eigenhändig zu Eimer und Scheuerlappen. In Rosecliff wurden bereits mehrere Filmszenen gedreht (u. a. für *The Great Gatsby*, *True Lies* und *Amistad*).

Unweit von York weist das Nubble Lighthouse den Schiffen den Weg.

Beechwood
Die Hausherrin dieses im mediterranen Stil erbauten Sommersitzes war Caroline Astor. Der Ballsaal des Anwesens bot Platz für 400 Gäste – »nur« 400, denn mehr Leute zählte die bessere Gesellschaft nicht ...

Marble House
William K. Vanderbilt gab Marble House bei Richard Morris Hunt in Auftrag. Der Goldene Ballsaal gleißt förmlich vom Goldüberzug auf Wänden, Pfeilern und Decke, der zusätzlich von Spiegeln reflektiert wird. Die Hausherrin, Mrs. William K. (Alva) Vanderbilt, war eine der Gesellschaftslöwinnen von Newport und zudem ein Blaustrumpf (ein Art »Emanze«).

Nach der Scheidung von Willie Vanderbilt – Alva war die erste Frau aus dem amerikanischen Geldadel, die einen solchen Schritt wagte – heiratete sie Oliver Belmont und zog in dessen ein paar Hausnummern entferntes **Belcourt Castle** um. Dieses ist einem Jagdschloss im Stil Ludwigs XIII. nachempfunden. Man kann hier eine echte Gutsbesitzerin kennenlernen oder an Geistertouren teilnehmen.

Die Küste von Maine
Das Leben in der nordöstlichen Ecke der USA zwischen Kanada und dem Atlantik ist unkompliziert. Es wird bestimmt von Wetter, Wasser und den Jahreszeiten. Die Gangart ist gemächlich, die Landschaft ursprünglich, die Leute sind freundlich und die Meeresfrüchte köstlich.

Maine entstand durch eine Gletscherabschmelzung, die Tausende von Inseln und eine tief eingekerbte Felsküste zurückließ. Wenn man all die kleinen und großen Buchten und Halbinseln entlangwandern könnte, ergäbe dies eine Strecke von einigen Tausend Kilometern, doch in der Luftlinie sind es nur 240 km zwischen Kittery an der Grenze zu New Hampshire und Bar Harbor, dem nördlichen Endpunkt der üblichen Reiserouten.

Im 17. und 18. Jh. machten sich Großbritannien und Frankreich das Land streitig; mit dem Friedensvertrag von Paris 1763 gab Frankreich alle Ansprüche auf. Bis 1820 gehörte das Territorium zu Massachusetts, wurde dann ausgegliedert und zum 23. Staat der USA erklärt. Schiffsbau und Fischerei stellten die Haupterwerbsquellen dar. Heute ist der Staat berühmt für seine Hummer und seine Heidelbeeren.

Südküste

Für diesen Küstenabschnitt sind Sandstrände und malerische Dörfer mit weißen Holzhäusern charakteristisch. Einen ersten Eindruck verschafft man sich am besten bei einem Hummeressen in einem der vielen Hafenrestaurants oder bei einem Spaziergang durch den einen oder anderen historischen Ort.

York

Der Dorfplatz des kolonialen York ist von Gebäuden aus dem 18. Jh. umgeben: Schule, Gasthaus, Kirche und das Gefängnis **Old Goal** von 1719. An dem gut 3 km langen Strand mit hölzerner Promenade, Verkaufsständen, Imbissbuden und Läden in viktorianischem Stil herrscht heute eine Stimmung wie auf einem Rummelplatz. Weitaus ruhiger geht es im nahen **York Harbor** zu.

Ogunquit

Das Dorf entdeckten Maler und Schriftsteller schon vor langer Zeit; der indianische Name bedeutet »schöner Ort am Meer«. Das **Ogunquit Museum of American Art** erinnert an die Zeit des Ortes als Künstlerkolonie.

Marginal Way, ein Fußweg mit wunderbarer Aussicht, folgt der zerklüfteten Küste bis **Perkins Cove**. Dort stehen dicht an dicht Boutiquen, verwitterte Fischerhütten und Restaurants. Ein ausgedehnter Strand erstreckt sich von Ogunquit bis nach Wells.

Kennebunkport

Der exklusive kleine Urlaubsort musste sich an neugierige Touristen gewöhnen, weil der ehemalige US-Präsident George Bush senior seinen Sommersitz auf der Landzunge Walker's Point hat.

Mindestens ebenso oft fotografiert wird das mit filigranen weißen Holzschnitzereien verzierte **Wedding Cake House** (Hochzeitskuchenhaus) von 1820 (104 Summer Street). Der Legende nach stach ein frisch verheirateter Schiffskapitän wieder in See, bevor der Hochzeitskuchen dekoriert war. Nach seiner Rückkehr entschuldigte er sich dafür mit diesem »Zuckerbäckerwerk«.

Portland

Mit seinen rund 66 000 Einwohnern ist Portland für örtliche Verhältnisse eigentlich eine Großstadt, hat sich aber ein typisches Kleinstadtgepräge erhalten. Das im Geiste des alten Stadtbildes rekonstruierte Viertel **Old Port Exchange** in Hafennähe ist mit seinen Geschäften und Restaurants für Touristen, Fischer und Einheimische gleichermaßen attraktiv. Portlands Motto *Resurgam* (»Ich werde wieder erstehen«) sagt alles über seine Geschichte aus: Zweimal wurde es von den Indianern, danach von den Briten in Schutt und Asche gelegt und schließlich 1866 durch einen Brand fast ganz zerstört. Mit der Schiffbarmachung des St.-Lawrence-Stroms wurde Portland für die kanadischen Händler uninteressant. In den 1970er-Jahren brachten Kunsthandwerker neues Leben in die Innenstadt. Im **Wadsworth-Longfellow House** (489 Congress Street) von 1785 wuchs der Dichter Henry Wadsworth Longfellow auf. Das **Portland Museum of Art** (7 Congress Square) beherbergt eine schöne Sammlung von Werken einheimischer Künstler.

Freeport

Knapp 30 km nordöstlich von Portland lockt das kleine Freeport mit zahllosen Geschäften, die direkt ab Fabrik verkaufen. Der für Outdoorkleidung und -ausstattung berühmte Laden des Versandhauses **L. L. Bean** ist Tag und Nacht geöffnet.

Mittlerer Küstenabschnitt

In **Bath** widmet sich das Maine Maritime Museum (243 Washington Street) der Seefahrtsgeschichte des Staates. Neben Karten, Fotos und Schiffsmodellen ist eine komplette restaurierte Werft aus dem 19. Jh. zu sehen. Weiter nördlich liegt Wiscasset, einst ein blühender Hafen. Die Hauptstraße ist von Antiquitätengeschäften gesäumt, in einigen Seitenstraßen gibt es georgianische Villen zu entdecken.

Der charmante alte Fischer- und Schiffsbauerort **Boothbay Harbor** hat sich zu einem lebendigen Segel- und Sommerferienzentrum entwickelt.

Die schöne Küste mit ihren Buchten und Dutzenden von felsigen Landzungen lässt sich am besten von Ausflugsschiffen aus erforschen. Der Leuchtturm von **Pemaquid Point** an der Spitze einer dieser Halbinseln bildet ein beliebtes Fotomotiv.

Camden ist ein weiterer Hafen voll schnittiger Jachten, farbenprächtiger Sportsegelboote und traditionell aufgetakelter Windjammer. Von der Anhöhe des Uferparks aus und vom nahen Mount Battie im Camden Hills State Park bietet sich eine schöne Aussicht auf den Hafen.

Nordosten

Die Einheimischen nennen den nördlichsten Küstenabschnitt von Maine mit seinen Häfen, Hummerbecken und Blaubeerplantagen »Down East«. **Castine** an der Penobscot-Bucht ist eine kleine Stadt voller Holzhäuser. In **Fort George** erfährt man, wie die Briten den Ort während des Unabhängigkeitskriegs und nochmals 1812 einnahmen. **Blue Hill**, im 19. Jh. wegen seiner Granitsteinbrüche und seiner Kupfermine bekannt, ist heute eine Künstlerkolonie, in der sich Galerien, Töpfereien und Kunstgewerbeläden aneinanderreihen. Oben vom Hügel voller Blaubeersträucher aus genießt man einen wundervollen Blick auf Mount Desert Island, die über eine stark frequentierte Brücke mit dem Festland verbunden ist.

Maine zählt zu den südlichsten Brutgebieten des Papageitauchers.

Bar Harbor

Als im 19. Jh. die Nordküste mit Mount Desert Island als Freizeitrefugium entdeckt wurde, richtete sich das Interesse vorab auf Bar Harbor. Zuerst kamen die Maler, danach die Superreichen, die hier ihre geräumigen Sommersitze errichteten. 1947 fiel der größte Teil dieser »Landhäuschen« einem Großbrand zum Opfer.

Heute ist Bar Harbor Ausgangspunkt für Walbeobachtungstouren und Ausflüge zum **Acadia National Park**. Dieser von Wander- und Fahrwegen durchzogene Landstrich mit seinen Felshügeln und der zerklüfteten Küste ist ein Eldorado für Vogelbeobachter, Kletterer und im Winter auch für Langläufer. Die schönste Strecke durch den Park ist die 50 km lange Loop Road, und den Höhepunkt der Rundfahrt bildet Cadillac Mountain, mit 466 m der höchste Gipfel an der Atlantikküste. Benannt wurde er nach dem Franzosen Antoine de la Mothe Cadillac, dem die Insel im 17. Jh. kurze Zeit gehörte, bevor er sich an die Gründung von Detroit machte.

Wer könnte das faszinierende und verrückte New York nicht lieben? Willkommen im Big Apple!

New York

Ob Sie sich ihr auf dem Landweg, auf dem Wasser oder aus der Luft nähern – New York ist eine der seltenen Städte, für die man sich auf Anhieb begeistern kann. Überwältigend ist der Augenblick, wenn Manhattans Skyline auftaucht und das bekannte Bild plötzlich zur nahen Wirklichkeit aus prächtigen Gebäuden wird. Nun befinden Sie sich auf der Schwelle zu einer der größten Städte der Welt, einer Stadt, die zugleich aufregend, verwirrend und geheimnisvoll ist.

Trotz aller Museen, Restaurants, Cafés und Denkmäler ist Manhattan in erster Linie ein Erlebnis des Kontaktes mit anderen Menschen. Sie sind umgeben von verrücktem Gehupe, blendendem Lichtermeer und hektischen Menschenmassen. Schon bald wird Ihnen bewusst, dass Sie hier nicht einfach eine amerikanische Stadt erwartet, sondern die ganze Welt.

New York schläft nie. Es steht 24 Stunden am Tag unter Hochspannung, als ob eine mächtige Energiequelle Stadt und Menschen rund um die Uhr mit Strom versorgte.

Der ständige Zustrom an Neuankömmlingen von überall her macht New York einzigartig. Rund 3 Millionen Fremde leben heute in der Metropole: Jeder vierte Einwohner stammt nicht aus den Vereinigten Staaten. Man verständigt sich in mehr als 120 Sprachen – darunter auf Arabisch, Hebräisch, Hindi, Pandschabi und Thai –, für die rund 50 vertretenen Hauptreligionen gibt es 3500 Kirchen, Tempel, Synagogen, Moscheen und Kathedralen, und jedes Jahr wird mit Dutzenden von Festen das kulturelle Erbe der verschiedenen Einwanderergemeinden gefeiert. Was die Küche betrifft, so können Sie jeden Tag im Jahr ein anderes Nationalgericht probieren.

Auch im architektonischen Stadtbild haben Immigranten Zeichen gesetzt: Der deutsche Einwanderer John Roebling baute die Brooklyn Bridge, der Chinese I. M. Pei ersann das Jacob Javits Convention Center, der in Ungarn geborene Marcel Breuer war der Architekt des Whitney Museum und der aus Schottland stammende Andrew Carnegie finanzierte den Bau der Carnegie Hall. Sogar die Freiheitsstatue – eines der großen Wahrzeichen der Stadt – ist von Frankreich her nach New York »immigriert«.

New York besteht aus fünf Stadtbezirken – Bronx, Brooklyn, Queens, Staten Island und Manhattan – mit einer Gesamtfläche von 786 km². Für die meisten Besucher jedoch ist New York identisch mit Manhattan. Auf dieser 21 km langen, 3 km breiten Insel im Herzen der Stadt ist alles vereint, was New York zu bieten hat.

Financial District

Einst stand auf dem südlichen Zipfel von Manhattan die holländische Stadt *Neu Amsterdam* – die Wall Street verläuft entlang des ehemaligen Palisadenwalls. Im Lauf der Zeit wurde die Wall Street zum Symbol des New Yorker Finanzzentrums, dessen Wolkenkratzer sich deutlich von der größeren Gruppe in Midtown abheben.

Wall Street

Der Name »Wall Street« ist gleichbedeutend mit einer Weltanschauung, ist eine Metapher für Börse und US-Kapitalismus. Jede Firma oder Bank von Bedeutung legt Wert auf eine Adresse an der Wall Street. Die Skulpturen und korinthischen Säulen des **New York Stock Exchange** sind sehenswert; aus Sicherheitsgründen stehen die Börse und das Interactive Education Center Besuchern aber nicht länger offen.

Der Börse gegenüber steht die **Federal Hall**, wo George Washington 1789 als erster Präsident der USA den Verfassungseid ablegte. Das klassizistische Gebäude, das heute an diesem Ort steht, wurde 1842 als Zollhaus der USA erbaut und dient nun als nationale Gedenkstätte, Museum und Touristeninformationszentrum.

World Trade Center Site

Das World Trade Center war ein Komplex von sieben Gebäuden in Manhattans Financial District und beherbergte insgesamt über 1200 Firmen, Banken, Geschäfte, Restaurants und Regierungsbüros. Berühmt war der Komplex

---

Orientierung in New York. Sich in New York zu orientieren, fällt nicht schwer. Manhattan ist größtenteils nach einem rechtwinkligen Raster aufgebaut. Die Avenues von 1 bis 12 verlaufen in nord-südlicher Richtung, die Streets von Ost nach West. Die Fifth Avenue unterteilt die Streets in einen westlichen und einen östlichen Abschnitt. Allerdings haben manche Avenues neben der Nummer streckenweise oder in ihrer ganzen Länge Namen. Außerdem gibt es spezielle Avenues wie die Lexington, Park und Madison Avenue. In den ältesten Bezirken um die Wall Street und in Greenwich Village haben die Straßen Namen und verlaufen nicht rechtwinklig zueinander. Downtown heißt der Bereich unterhalb der 23rd Street, im Anschluss daran folgt Midtown. Uptown liegt über der 59th Street, der südlichen Begrenzung des Central Park. Die beste, aber ermüdendste Art die Stadt kennenzulernen, ist zu Fuß zu gehen (10 Streets sind ca. 800 m). Die U-Bahn-Strecken folgen meist den Avenues. Busse können sehr langsam sein, doch man sieht mehr.

für seine Twin Towers, die höchsten Türme der Stadt (411 m), deren eindrucksvolles Profil die Skyline von Lower Manhattan dominierte. Am 11. September 2001 schaute die Welt ungläubig und erschüttert zu, wie zwei entführte Passagierflugzeuge in die beiden Türme rasten, wobei rund 3000 Menschen den Tod fanden. Der Finanzdistrikt erstarrte während Wochen, und es dauerte fast ein Jahr, bis die letzten Feuer gelöscht waren. Seither spricht man vom früheren Standort des World Trade Centers als **Ground Zero**.

An der Liberty Street steht das private **Tribute WTC Visitor Center**, welches die Geschichte des World Trade Centers, die Ereignisse des 11. Septembers und die Namen der Opfer dokumentiert.

Am 27. April 2006 wurde der Grundstein für den Bau des **One World Trade Center** (auch: »Freedom Tower«) gelegt, dem Eckpfeiler des Projekts für den Wiederaufbau des Geländes, von David Childs und Daniel Libeskind entworfen (geplant für April 2014). Seine Gesamthöhe wird 1776 Fuß (541 m) betragen, eine Zahl, die an das Jahr der Unabhängigkeitserklärung der USA erinnern soll. In Bau befindet sich auch das **National September 11 Memorial and Museum**; am 11. September 2011 eröffnete die Gedenkstätte, 2014 soll das Gedenkmuseum folgen.

Mit den legendären Yellow Cabs bewegt man sich zügig von einem Ort zum anderen – bis man im Verkehrsstau steckenbleibt.

South Street Seaport
Früher wurden die Segelschiffe an den Piers des East River vertäut. Heute zeigt sich der historische Hafenbezirk in neuem Kleid: Einkaufszentren, Restaurants und das **South Street Seaport Museum** ziehen Besucher ebenso an wie die Hafenrundfahrten mit alten Raddampfern. Die berühmte **Brooklyn Bridge** weiter flussaufwärts war bei ihrer Eröffnung 1883 die längste Hängebrücke der Erde und galt als Weltwunder.

National Museum of the American Indian

Mit dem restaurierten Zollhaus von 1907 am Battery Park haben die Ureinwohner Amerikas ein Stück Manhattans zurückerobert. Genau hier verkauften die Indianer 1626 den Holländern die Insel für einen Spottpreis. Zu den interessantesten Exponaten zählen federgeschmückte Kopfbedeckungen, Waffen und Silberschmuck. Außergewöhnlich sind auch die Wandgemälde in der Rotunde.

Statue of Liberty

Die vom Franzosen Frédéric-Auguste Bartholdi entworfene Freiheitsstatue wurde den Vereinigten Staaten vom französischen Volk geschenkt. Die Skulptur, die 92 m über dem New York Harbor aufragt, wurde 1884 in Paris vollendet, zerlegt und 1886 per Schiff verfrachtet. Die Freiheit ist mit eisernen Fesseln dargestellt, die sie von den Füßen streift; ihre rechte Hand hält eine Fackel, die linke eine Tafel mit der Unabhängigkeitserklärung.

Die Statue steht auf Liberty Island, die man vom südlichen Ende des Battery Park mit derselben Fähre erreicht, die auch Ellis Island anbindet.

Täglich werden nur wenige Eintrittskarten verkauft (im Voraus buchen). Die Karte gewährt Ihnen Zugang zum Aussichtspunkt am Sockel und zum kleinen, der Geschichte der Statue gewidmeten Museum. Für den Zugang zur Krone benötigen Sie ein anderes Ticket (ebenfalls beschränkte Verfügbarkeit) und müssen zudem in der Lage sein, die 354 Treppenstufen hochzusteigen.

Ellis Island Immigration Museum

Genießen Sie von der Fähre aus den Blick auf die City-Skyline und die Freiheitsstatue. Das Museum wurde 1990 nach Instandsetzung des Gebäudes eröffnet, durch das zwischen 1892 und 1954 mehr als 12 Millionen Menschen in die USA einreisten. Auf drei Stockwerken vereinigt es einige sehr bewegende Ausstellungsstücke. Darunter befinden sich Erbstücke und Fotografien, welche die Einwanderer nach Amerika mitbrachten, aber auch Briefe und Berichte, die von den Freuden und Leiden der Siedler in der neuen Heimat erzählen. Leider wurde das Museum beim Hurrikan Sandy im Oktober 2012 schwer beschädigt und ist bis auf Weiteres geschlossen.

Beeindruckend ist die **American Immigrant Wall of Honor**, eine Gedenkmauer außerhalb des Museums, auf der 420 000 Immigranten die letzte Ehre erwiesen wird.

Downtown

Jedes Viertel – Chinatown, SoHo, TriBeCa, Greenwich Village, die Lower East Side usw.– hat seinen Charakter, und oft betreten Sie eine andere Welt, wenn Sie nur die Straße überqueren. Eigentlich ist Manhattan rein flächenmäßig kein großer Stadtteil: Quer über die Insel, vom Ostende bis zum westlichen Rand, schaffen Sie es zu Fuß in weniger als einer Stunde.

Chinatown

Bis 1965 war die Zahl der chinesischen Einwanderer streng begrenzt, und Chinatown war eine eher kleine, gleichbleibende Wohngegend. Nach Aufhebung der Quote wuchs Chinatown rasch zur bevölkerungsreichsten chinesischen Gemeinde in der westlichen Hemisphäre an, und in Brooklyn und Queens entstanden zwei weitere Chinesenviertel. Manhattans Chinatown ist das älteste und am besten zugängliche und beherbergt zwischen 80 000 und 150 000 chinesische Einwanderer. Das Straßengewirr ist erfüllt von allerlei Düften, und Verkäufer bieten von Tand, Spielwaren bis zu frischem Gemüse und lebenden Fischen (fast) alles

---

Eine Fahrt in New York. Machen Sie vom Battery Park an der Spitze Manhattans aus eine Fahrt mit der **Staten Island Ferry**, und genießen Sie den großartigen Blick auf die Wolkenkratzer der Wall Street, den Hudson River, Ellis Island, die Freiheitsstatue und die ein- und auslaufenden Schiffe – dies alles gratis!

istockphoto.com/Narvikk

In den Galerien wie an den Fassaden von SoHo zeichnen sich heute die Trends der US-Kunst ab.

an ... Für günstige Einkäufe und gutes, preiswertes Essen ist man hier am richtigen Ort.

Das renommierte **Museum of Chinese in America** (211–215 Centre St) widmet sich der Erhaltung und dem Schutz von Geschichte und Kultur der Chinesen in den USA.

Little Italy

Die einst weiträumige Wohngegend (rund um Mulberry, zwischen Broome St und Canal St) mit einer fast ausschließlich aus italienischen Einwanderern bestehenden Bevölkerung ist heute nur mehr eine Ansammlung weniger überfüllter Häuserblocks.

Bis zur Mitte des 20. Jh. war diese Gegend eine Brutstätte mafiöser Machenschaften (beschrieben in Scorseses Film *Goodfellas*) und der beste Ort der Stadt für echte italienische Kost. Heute säumen die Geschäfte und Bäckereien nur noch zwei Straßen, der Rest ist in Chinatown übergegangen. Während es sich bei den meisten italienischen Restaurants zumeist um schiere »Touristenfallen« handelt, findet man doch vermehrt auch wieder qualitativ hochstehende italienische Küche in Little Italy.

SoHo

SoHo ist die Abkürzung für die Gegend »South of Houston« – südlich der Houston Street. In dem ursprünglich als »Cast-Iron-District« (*Gusseisen-Distrikt*) bekannten Geschäftsviertel wurden Mitte des 19. Jh. Hunderte von Gebäuden errichtet, die kleine Firmen, Gewerbeunternehmen und billige Läden beherbergten. Als in den 1950er-Jahren viele Unternehmen das Quartier verließen, blieben leere Geschäftshäuser, Lager- und Fabrikgebäude zurück. In den 1960ern strömten Künstler, Schauspieler und Schriftsteller in Scharen in das Viertel und verwandelten die billigen Mietflächen in lichtdurchflutete Loftwohnungen, Galerien und Studios. Mittlerweile sind die Mietzinse gestiegen und Filmstars und Topmodels beherrschen die Szene in Boutiquen, Galerien, Restaurants und Straßencafés.

SoHo ist bekannt für seine Bauten mit Gusseisen-Elementen; achten Sie besonders auf die Häuserfassaden an der **Greene St** (zwischen Nr. 8 und 34), das **Roo-**

sevelt Building (478–482 Broadway) und das **Haughwout Building** (488–492 Broadway).

TriBeCa
Das »Triangle Below Canal« nimmt eine ungefähr trapezförmige Fläche ein. Man findet hier die gleiche gehobene Künstleratmosphäre, dieselben eleganten Gebäude, modischen Boutiquen und Galerien wie in SoHo vor, allerdings weniger Touristen und Großmärkte.

Greenwich Village
Greenwich Village (zwischen 14th St, Houston St, Hudson River und Broadway) war einst ein Herd von politischem Aktivismus und ist auch die Wiege der Bewegung für die Rechte von Homosexuellen. Während eineinhalb Jahrhunderten war das »Village« die Heimat einiger der begabtesten Künstler, Musiker, Schauspieler und Schriftsteller des Landes. Obwohl die meisten Künstler und Radikale aus der Gegend verdrängt wurden, herrscht noch immer ein fortschrittliches Klima vor, was weitgehend dem Zustrom junger Studierender an die New York University zu verdanken ist. Elegante Backsteinhäuser, das Labyrinth aus engen Straßen, kuriose Läden, alternative Buchhandlungen, Cafés und Kneipen machen das »Dorf« bei Touristen und Einheimischen beliebt.

Der **Washington Square Park** ist, was Straßenunterhaltung und den Einblick in die Atmosphäre des Greenwich Village betrifft, unübertroffen. Auf dem von eleganten Wohnhäusern und Gebäuden der New York University gesäumten Park treffen sich Studierende und Anwohner zum Picknick. Wer gern Schach spielt, kann sich am Südwestrand des Parks mit Einheimischen messen. Der **Washington Arch** am Nordende des Parks wurde 1892 zum 100-jährigen Jubiläum von George Washingtons Amtsantritt errichtet. Die ursprüngliche Holzkonstruktion wurde bald durch eine Marmor-Version ersetzt.

East Village
East Village (begrenzt durch East River und Bowery) – seit den 1960er-Jahren ein Ort für Bohemiens, Hippies, Musiker und andere Künstler – bleibt mit seiner ständig im Wandel begriffenen Mischung von Kitsch und Kunst, Wohlstand und Bedürftigkeit der Inbegriff kunterbunten Lebens.

Die **St Mark's Church in the Bowery** (1799) ist die zweitälteste Kirche der Stadt; sie wurde auf dem Gelände der *bouwerie* (dänisch für »Farm«) von Peter Stuyvesant errichtet, dem letzten Generaldirektor der Westindien-Kompanie.

Das **New Museum** (235 Bowery St) widmet sich als einziges Museum in New York ausschließlich

Vom Rockefeller Center aus bietet sich ein freier Blick auf das die Skyline von Manhattan beherrschende Empire State Building.

Huber/Kremer

zeitgenössischer Kunst. Der von Kazuyo Sejima und Ryue Nishizawa aus Tokyo konzipierte metallisch schimmernde Bau erinnert an einen Stapel von Schuhschachteln.

Midtown
Vom Hudson bis zum East River und zwischen 31st und 59th Sts erstreckt sich Midtown, das lebhafte Einkaufs-, Restaurant- und Theaterzentrum New Yorks. Hier kann man alles finden, sofern einen das emsige Treiben des geschäftigsten Teils der Stadt nicht abschreckt.

Empire State Building
Das 1931 errichtete und bis in die 1970er-Jahre höchste Gebäude der Welt (381 m ohne Fernsehturm und Antenne) sorgte immer wieder für Gesprächsstoff: 1933 stieg King Kong – im Film – auf die Spitze des Gebäudes; an einem nebligen Julitag 1945 krachte eine B-25 der Armee in die 79. Etage und tötete 14 Personen; 1986 glitt ein britisches Touristenpaar aus dem 86. Stockwerk mit dem Fallschirm hinunter ...

Jährlich nehmen 3,5 Millionen Besucher den Fahrstuhl hinauf zu den Aussichtsplattformen in der 86. und 102. Etage, von wo der Blick über ganz Greater New York reicht; Sie können dem Menschenandrang entgehen, wenn Sie frühmorgens gehen. Ein Erlebnis für sich ist der Flugsimulator »New York Skyride« im 2. Stock, der die Stadt aus der Vogelperspektive vorstellt.

Morgan Library & Museum
In der East 36th Street östlich des Empire State Building baute der Finanzier J. P. Morgan ein Haus im italienischen Stil für seine Bilder-, Bücher- und Handschriftensammlungen. Die hervorragende Sammlung beinhaltet illuminierte und historische Handschriften, Frühdrucke sowie Zeichnungen und Gravuren alter Meister. Die Exponate reichen von der Gutenberg-Bibel bis zu den Handnotizen Bob Dylans.

United Nations
Wenn Sie das Gelände der Vereinten Nationen betreten, befinden Sie sich rechtmäßig gesehen nicht mehr auf New Yorker und auch nicht auf amerikanischem Boden, sondern auf einem internationalen Hoheitsgebiet, das den ganzen Block zwischen 42nd und 48th Sts an der First Ave umfasst. Sie sehen die Flaggen der Mitgliedsstaaten, die Gebäude des Sekretariats und der Vollversammlung, die **Dag Hammarskjöld Library** und das Konferenzgebäude. Falls Sie an einer Führung teilnehmen möchten, rufen Sie vorher an und erscheinen Sie frühzeitig, sie sind oft ausgebucht. Den zauberhaften Ro-

sengarten dürfen Sie aber auch ohne Aufsicht bewundern.

Chrysler Building
Der Architekten-Wettstreit um den Bau des höchsten Gebäudes der Stadt in der ersten Hälfte des 20. Jh. endete 1929 vorerst mit Craig Severances Bank of Manhattan (283 m). Doch als man bereits im darauffolgenden Jahr dem von William Van Allen als Hauptsitz für den Automobilhersteller Chrysler errichteten Gebäude eine Stahlspitze aufsetzte, war dieser Rekord mit 319 m gebrochen. Einen Blick lohnen nicht nur das Äußere des prächtigen Stahlbaus, sondern auch die Eingangshalle im Art-déco-Stil und die mit Holz verkleideten Fahrstuhltüren.

Grand Central Terminal
Nicht alle, die in Manhattan arbeiten, wohnen auch dort, und wer in den nördlichen Vororten in die Pendlerzüge steigt, dessen Reise endet in diesem Bahnhof. Ein verzwicktes Tunnelsystem führt die Züge unsichtbar und ohne Lärmbelastung mitten durch eine der geschäftigsten Städte der Welt. Die Grand Central Station ist ein im Beaux-Arts-Stil erbautes Meisterwerk und besitzt eine Haupthalle, durch die täglich 500 000 Fahrgäste strömen. Die prachtvolle Decke ist mit Darstellungen des Nachthimmels bemalt und wurde 1997 von Grund auf restauriert. Drei Skulpturen, eine Uhr und eine Reihe von Bogenfenstern schmücken die Südfassade.

New York Public Library
Einen Logenplatz, um sich das Leben und Treiben in Manhattan geruhsam anzuschauen, finden Sie zwischen den Marmorlöwen »Patience« und »Fortitude« auf den Stufen des Hauptgebäudes der öffentlichen Stadtbibliothek. Diese ist mit ihren 15 Millionen Schriftstücken – darunter das Original von Winnie-the-Pooh, eine Gutenberg-Bibel und alte japanische Schriftrollen – eines der wichtigsten Dokumentationszentren des Landes. Im riesigen **Rose Reading Room** gibt es freien Internetzugang. Schließen Sie sich einer kostenlosen Führung, um die Hauptattraktionen zu sehen.

Times Square
Times Square (benannt nach der *New York Times*, die lange in der Nr. 1 ansässig war) erstreckt sich von der 42. bis zur 47. Straße entlang des mittleren Teils des Broadway. Vor einiger Zeit war dies noch eine verrufene und zwielichtige Gegend – heute ist es ein heiteres, familienfreundliches Einkaufs- und Unterhaltungsviertel. Die Neonreklamen konkurrieren mit jenen von Las Vegas, und falls Sie Tickets für

Aufführungen am Broadway, günstige Mitbringsel für daheim oder einen exklusiven Schnellimbiss suchen, sind Sie hier am richtigen Ort. Manche gut bekannte Marken sind mit gewaltigen Geschäftshäusern vertreten, darunter MTV, Swatch, McDonald's und Hard Rock Cafe.

Rockefeller Center

Dieses Meisterstück des Artdéco-Stils, ein riesiger Komplex aus Bürotürmen, Theatern und unterirdischen Fußgänger- und Einkaufspassagen, wurde ab 1930 unter der Führung von John D. Rockefeller II. erbaut. Täglich strömen 300 000 Menschen hierher – die einen zur Arbeit, die anderen zur Besichtigung.

Zu den Hauptattraktionen gehören die **Channel Gardens** (gleich neben der 5th Ave zwischen 49th und 50th Sts); sie sind nach dem Ärmelkanal benannt, weil sie das British Empire Building und die Maison Française voneinander trennen. Nahe der vergoldeten Prometheus-Statue finden Sie einen Platz, der im Sommer als Restaurantterrasse und im Winter als Eislaufbahn dient.

Von der Aussichtsplattform **Top of the Rock** im 70. Stock des zum Center gehörenden General Electric Building bietet sich durch kristallklare Glasscheiben ein einmaliger Rundblick auf New York.

flickr.com/thefors

Unterhaltungsmöglichkeiten gibt es am Times Square in Hülle und Fülle.

Die **Radio City Music Hall** auf der anderen Seite der 50th Street ist das größte und berühmteste Theater der Stadt. Auditorium und Bühne sind das Zuhause der legendären *Rockettes*, einer glamourösen Showtanzgruppe.

Museum of Modern Art (MoMA)

Das MoMA ist hell, geräumig und voller Dynamik. Selbst wenn man einen ganzen Tag hier verbringt, kann man nur einen Bruchteil der zahllosen Gemälde, Skulpturen, Zeichnungen, Drucke und Fotos sowie der Meisterwerke des modernen Films und Designs sehen. Jede moderne Kunstrichtung ist vertreten – vom Expressionismus über Op-Art, Dadaismus bis hin zum Surrealismus. Unter den bekannten Gemälden befinden sich *Die Beständigkeit der Erinnerung* von Dalí, *Der Geburtstag* von Chagall, Picassos *Les Demoiselles d'Avignon*, Van Goghs *Sternennacht* und Warhols *Campbell's Soup Cans*. Zusammen mit weiteren 150 000 Sammlungsstücken erzählen sie die Geschichte der modernen Kunst. Zwei Theater zeigen Film- und Medienprogramme. In dem Gebäude sind außerdem zwei Cafés und ein Restaurant.

Uptown
Der Übergang von Midtown zu Uptown an der 59. Straße ist ziemlich abrupt. Hier beginnt der Central Park, die Geschäftsviertel werden von Wohnquartieren abgelöst. Der Park teilt Upper Manhattan in zwei Hälften: die reiche Upper East Side, in der die vornehmen Häuserzeilen gelegentlich von großen Museen unterbrochen werden, und die Upper West Side, weniger begütert, aber deutlich im Aufwind begriffen.

Ein Besuch des MoMA führt Sie auch vor Werke von Ellsworth Kelly. | Der Central Park wurde von allem Anfang an als Oase der Erholung konzipiert.

Central Park

Diese 340 ha umfassende grüne Lunge mit Spazierwegen, Teichen, Bäumen und Rasenflächen ist für die New Yorker so lebensnotwendig wie Wasser und Luft. Das von den Architekten Olmsted und Vaux entworfene Großprojekt wurde 1857 begonnen und erst 20 Jahre später vollendet.

Genießen Sie eine Rundfahrt mit einer Pferdekutsche (*Hansom Cab* genannt), die Sie bei Central Park South besteigen, oder machen Sie es wie die Einheimischen, die im Sommer auf dem weiten Grün der **Sheep Meadow** (Schafweide) Frisbees schleudern und Sonne tanken, auf einem der 26 Hartplätze Tennis spielen, auf der 72th St Rollschuh laufen, den Zoo besuchen oder einem Schauspiel beiwohnen. Im Winter können Sie auf dem **Wollman Rink** Eis laufen und Pirouetten üben.

Versäumen Sie nicht den See und das **Loeb Boathouse,** wo Ruderboote und Fahrräder zur Miete angeboten werden und man sich im **Boathouse Café** verpflegen kann.

Ein weiterer Höhepunkt sind die **Strawberry Fields** (Erdbeerfelder), ein Garten im englischen Stil mit dem berühmten *Imagine*-Mosaik, den Yoko Ono ihrem Mann John Lennon widmete.

Der **Conservatory Garden**, rund 1,5 km nördlich des Reservoirs, ist einer der schönsten und ruhigsten Winkel des Parks.

Frick Collection

Die Sammlung Frick ist in einem der stattlichsten Wohnhäuser an der Fifth Ave (auf der Höhe der 70th St) untergebracht. Dank seinen Schätzen an europäischer Malerei (hauptsächlich von der Renaissance bis zum späten 19. Jh.) kann sich dieses Haus mit jedem größeren Museum messen. Gemälde von Tizian, Gainsborough, Rembrandt und Vermeer sind nur einige der Meisterwerke, mit denen der Stahlmagnat Henry Clay Frick sein Heim schmückte. Ebenso erlesen und kostbar sind Möbel, Zeichnungen und Porzellan – und der Innenhof, in dem ein Brunnen plätschert.

Metropolitan Museum of Art

Das »Met« (5th Ave, auf der Höhe der 82nd St), das Juwel unter den Museen Amerikas, wurde 1870 eröffnet und zeigt Kunst aus allen Epochen und Kontinenten. Werke europäischer Maler, römischer und griechischer Bildhauer, chinesischer Kalligrafen, afrikanischer Instrumentenbauer und ägyptischer Goldschmiede machen nur einen kleinen Teil der umfangreichen Sammlungen aus. Am besten deckt man sich zuerst am Informationsschalter mit Karten, Broschüren und Zeitplänen für Führungen ein. Im »American Wing« ist die Entwicklung der amerikanischen Möbelherstellung, des Kunsthandwerks und der Malerei seit dem 16. Jh. dokumentiert. Die Sammlung mittelalterlicher Kunst schließt seltene Wandteppiche aus dem 15. Jh. ein. Die Galerien mit europäischer Malerei und Skulpturen des 19. Jh. beherbergen Werke von Goya, Rousseau, Rodin, Manet, Cézanne und Degas. An Musikinstrumenten sind kostbare Violinen, das älteste erhaltene Klavier, eine Jadeflöte, Sitars und Gongs zu sehen.

Eine wahre Fundgrube ist der Museumsladen, und wenn Sie Zeit haben, genießen Sie den Sonnenuntergang vom Dachgarten des Gebäudes.

Solomon R. Guggenheim Museum

Das von Frank Lloyd Wright 1959 entworfene Gebäude (5th Ave auf der Höhe der 89th St) ist eine architektonische Sehenswürdigkeit; die einen finden es zwar geschmacklos, andere verstehen es als Geniestreich des Architekten. Der eigentliche Ausstellungsbereich führt über eine spiralförmige Rampe vom Erdgeschoss bis zum Dach, damit Besucher die Werke in einer fortlaufenden Linie betrachten können. Die Dauerausstellung umfasst Bilder von Brancusi, Cézanne, Chagall, Kandinsky, Klee, Léger, Picasso, Rauschenberg und anderen. Ausgezeichnete Reproduktionen können Sie zu günstigen Preisen im Museumsladen erstehen.

Lincoln Center

Das kulturelle Angebot des Lincoln Center for the Performing Arts (62nd St und Columbus Ave) ist beeindruckend: Oper, Ballett, Theater, symphonische Musik und Film in seinen zahlreichen Sälen sind ein absolutes Muss für alle New-York-Besucher. Wenn Sie beim Brunnen in der Mitte des Platzes stehen, befindet sich gleich vor Ihnen die **Metropolitan Opera**. Rechts erhebt sich die **Avery Fisher Hall**, der Sitz der New Yorker Philharmoniker und der eigentliche Konzertsaal der Stadt. Der etwas kleinere Bau zu Ihrer Linken ist das **New York State Theater**, wo das City Ballet und die City Opera auftreten. Einen Häuserblock weiter Uptown befindet sich die **Alice Tully Hall**, wo kleinere Konzerte, Opern und Kammermusik auf dem Programm stehen.

American Museum of Natural History

Lassen Sie sich in diesem Museum (79th St und Central Park West) beeindrucken von den Schönheiten und Feinheiten aller Arten von Erdenbewohnern. Einen nahen Blick lohnen etwa die winzigen Einzelheiten einer Qualle, das Rückenhaar einer Hyäne, die Zähne eines prähistorischen Hais oder die Kriegsbemalung eines Indianers. Das Museum ist bekannt für seine mit riesigen

Skeletten angefüllten **Dinosaur Halls**, für die Dioramen, wo man sich die wilden Tiere in ihrer natürlichen Umgebung anschauen kann, sowie für das **Rose Center**, ein monumentales Hightech-Planetarium. Ausgestellt ist auch der berühmte »Stern von Indien«, der größte Saphir der Welt von 563 Karat, der vor 300 Jahren in Sri Lanka gefunden wurde.

Harlem

Harlem (im Norden und Osten bis Harlem River, im Süden bis 110th St, im Westen bis Morningside und St Nicholas Aves) ist eines der bekanntesten schwarzen Stadtviertel Amerikas. In der ersten Hälfte des 20. Jh. traten die Einwohner für die Anerkennung afroamerikanischer Kunst, Musik und Literatur ein, und Persönlichkeiten wie James Baldwin, Paul Robeson, Louis Armstrong, Charlie Parker, Duke Ellington, Billie Holiday, Thelonious Monk und Dizzy Gillespie lebten hier oder traten in den Klubs auf. Harlem war auch ein politisches Zentrum, wo Marcus Garvey, Malcolm X und W. E. B. Du Bois agierten. Aber die Weltwirtschaftskrise Anfang des 20. Jh. blieb für Harlem nicht ohne Folgen und die Gegend versank in einem Sumpf von Kriminalität und Drogen. Heute ist der Stadtteil wieder im Aufwind; Museen wurden eröffnet, an der 125th St richten sich Läden der gehobenen Preisklasse ein, das **Apollo Theater** (253 West 125th St) und viele der hübschen Sandsteinhäuser wurden renoviert. Außerdem entstanden manche neue Gebäude mit Luxuswohnungen. Besonders sehenswert ist die als moderne Akropolis erbaute **Audubon Terrace**, Sugar Hill (155th St bis 145 St entlang der Amsterdam Ave), die einst angesagteste Adresse des Landes für Afroamerikaner sowie **Strivers' Row** (West 138th und 139th Sts, zwischen 7th und 8th Aves).

Anne Samachson

Harlem – dynamisches Zentrum der afroamerikanischen Kultur.

im trendigen Kimmel Center ist das berühmte Philadelphia Orchestra zuhause.

Philadelphia

1681 gründete der Quäkerführer William Penn die »Stadt der Brüderlichen Liebe« als Vorbild für Religionsfreiheit und wirtschaftliches Unternehmertum. Um eine Schuld gegenüber seinem Vater, Admiral William Penn, zu begleichen, hatte König Charles II. von England ihm ein großes Stück Land (den nach ihm benannten Staat Pennsylvania) überlassen.

Als Standort für das zukünftige Philadelphia wählte Penn eine Stelle nahe der Mündung des Delaware River, die später auch von Überseedampfern erreicht werden konnte. Die hart arbeitenden Einwanderer machten Philadelphia bald zu einem wichtigen Handelszentrum. Sie gründeten Schulen und Universitäten, Verlage und Debattierklubs. Der Startschuss für die Revolution fiel zwar in Concord, Massachusetts, doch die führenden politischen Köpfe kamen aus Philadelphia. Hier wurde 1776 die Unabhängigkeitserklärung unterzeichnet, und hier war bis zur Fertigstellung von Washington D.C. im Jahre 1800 der Regierungssitz.

Im 19. Jh. entwickelte sich die Stadt zu einem riesigen Industrie- und Finanzzentrum. Heute hat Philadelphia 1,5 Mio. Einwohner, die Agglomeration etwas mehr als 6 Mio. Das liberale Klima Philadelphias zog schon immer Flüchtlinge aus allen Teilen der Welt an. Vor dem Bürgerkrieg war die Stadt eine wichtige Station der *underground railroad*, einer Geheimorganisation, die entflohene Sklaven aus den Südstaaten nach Kanada schleuste.

Independence National Historical Park (NHP)

Im Laufe der Zeit verlagerte sich das Zentrum Philadelphias westwärts, und der alte Stadtkern geriet in Vergessenheit. Erst als im 20. Jh. das Interesse an der Vergangenheit wieder erwachte, wurde er zur historischen Gedenkstätte erklärt, und die wichtigsten Gebäude wurden restauriert.

Startpunkt für einen Rundgang durch den NHP ist das **Independence Visitor Center** (6th St und Market St), wo Sie Prospekte erhalten und John Hustons Film *Independence* ansehen können.

Die berühmte **Liberty Bell** (Freiheitsglocke) ruht in einem Glaspavillon an der baumbestandenen Independence Mall. Sie bekam auf ihrem Weg von England nach Amerika im Jahr 1751 einen Sprung, konnte jedoch rechtzeitig repariert werden, um am 4. Juli 1776 vom Turm der Independence Hall aus ihr Geläut erklingen zu lassen. Ihr Name bezieht sich nicht auf die Befreiung von der Kolonialherrschaft, sondern stellte vielmehr ein Symbol für die Gegner der Sklaverei dar.

Gleich einem nationalen Heiligtum ruht die Liberty Bell nun hinter Glas.

In der großen, im georgianischen Stil erbauten **Independence Hall** aus rotem Ziegelstein, die 1732 als *Pennsylvania State House* vollendet wurde, unterzeichneten die Gründerväter der Vereinigten Staaten die Unabhängigkeitserklärung und billigten später die Verfassung der neuen Republik.

In der benachbarten **Congress Hall** versammelten sich die Vertreter der Staaten, um die Bill of Rights zu unterzeichnen. Von 1790 bis 1800, als Philadelphia Bundeshauptstadt war, tagten hier der Senat und das Repräsentantenhaus.

Die auf der anderen Seite neben der Independence Hall stehende **Old City Hall** war der erste Sitz des amerikanischen Bundesgerichts.

In der als Sitz der Schreinergilde erbauten **Carpenter's Hall** trat 1774 der erste Continental Congress zusammen; heute ist hier eine Ausstellung traditioneller Schreinerwerkzeuge und kolonialer Möbel zu sehen.

Old City

Das Haus von Benjamin Franklin (1706–90) an der Market Street wurde leider schon vor langer Zeit zerstört. Als »Ersatz« errichtete der Bildhauer Robert Venturi im **Franklin Court** eine Stahlkonstruktion mit den Umrissen des Hauses. Im dazugehörigen unterirdischen Museum werden Leben und Werk Franklins dokumentiert. Eine kleine Druckerei erinnert an seine erste Arbeit als Buchdruckerlehrling.

In der einige Straßenzüge weiter gelegenen **Christ Church** aus dem Jahr 1695 besuchte Franklin den Gottesdienst. Sein bescheidenes Grab ist durch eine Lücke in der Friedhofsmauer an der Arch Street zu sehen.

Gegenüber der Christ Church kann die größte Münzprägeanstalt Amerikas, die **United States Mint**, kostenlos besichtigt werden.

Die nahe gelegene kopfsteingepflasterte **Elfreth's Alley** mit ihren 30 Häusern im Kolonialstil und im *Federal Style* ist die älteste ständig bewohnte Straße des Landes. Sehenswert ist auch das **Elfreth's Alley Museum** (Nr. 126).

Im **Betsy Ross House** (239 Arch St) soll die Näherin Betsy Ross (1752–1836) die erste amerikanische Fahne genäht haben.

Riverfront

Die Docks von **Penn's Landing**, wo William Penn 1682 am Ufer des Delaware River angeblich erstmals an Land ging, wurden zum Freizeitkomplex mit Restaurants, Vergnügungsstätten und Schiffsanlegestellen ausgebaut.

Im **Independence Seaport Museum** kann man zahlreiche alte Schiffe besichtigen.

Eine kurze Fahrt mit der Fähre auf die andere Flussseite nach Camden, New Jersey, lohnt das ausgezeichnete **Adventure Aquarium** mit lehrreichen Ausstellungen zu Meeresfauna und -flora und einem riesigen Haibecken.

Center City

Die massive, barocke **City Hall** ist 167 m hoch und von der riesigen Statue William Penns gekrönt. Von der Aussichtsterrasse zu Penns Füßen im 30. Stock hat man einen herrlichen Blick auf die Stadt. Das 1993 eröffnete **Pennsylvania Convention Center** mit seinen Hotels und Einkaufszentren gab diesem Stadtteil neuen Auftrieb.

Von der John F. Kennedy Plaza nahe der City Hall führt der baumbestandene Benjamin Franklin Parkway nordwestlich zum **Fairmount Park**, einem 3700 ha großen Parkgelände am Schuylkill River. In diesem größten städtischen Landschaftspark Amerikas fand 1876 die Ausstellung zur Hundertjahrfeier statt. Spazier-, Rad- und Fahrwege führen an Villen aus dem 18. Jh., Gärten und Sportplätzen vorbei.

Der Parkway bildet die Auffahrt zu dem imposanten griechischen Tempel, der das **Philadelphia Museum of Art**, eine der größten Sammlungen europäischer, asiatischer und amerikanischer Kunst beherbergt. Zu den schönsten Ausstellungsstücken gehören die Werke französischer Impressionisten und Möbel aus der Kolonialzeit und von den Shakern (Religionsgemeinschaft des 18. Jh.).

Am Parkway liegen weitere Museen, so das **Rodin Museum**, die die außerhalb Frankreichs umfangreichste Kollektion von Abgüssen der Werke des Bildhauers besitzt.

Im **Franklin Institute Science Museum** gibt es viele wissenschaftliche Exponate zum Anfassen, daneben riesige Dinosaurier, ein Planetarium, Lasershows sowie Filme auf einer Großbildleinwand.

Die Amischen mit ihren Pferdewagen und den typischen Hüten sind in Pennsylvania ein gewohnter Anblick.

Barnes Foundation

In der mitten im Herzen Philadelphias gelegenen Barnes Foundation (2025 Benjamin Franklin Parkway) sind zahlreiche Werke von Renoir, Matisse, van Gogh, Picasso, Modigliani, Monet und Rousseau zu sehen – und mehr Cézannes als in allen Museen Frankreichs. Umrahmt werden die Gemälde von Möbeln und Artefakten aus der Region sowie afrikanischen Skulpturen. Wegen der kleinen Räume steht die Sammlung nur nach vorheriger Reservierung (am besten online unter *www.barnesfoundation.org*) einer begrenzten Besucherzahl offen (dienstags geschlossen).

Rund um Philadelphia

In der Umgebung von Philadelphia lohnen einige Orte und Sehenswürdigkeiten einen kleinen Ausflug.

Valley Forge

In dieses Tal 30 km nordwestlich von Philadelphia zog sich George Washington mit seiner Armee nach der Niederlage gegen die Briten im *Battle of Brandywine* zurück, um während des Winters von 1777/78 neue Kräfte zu sammeln. Das Gebiet ist heute eine bei Spaziergängern und Radfahrern beliebte Nationale Gedenkstätte; die Soldatenunterkünfte und Washingtons Hauptquartier wurden rekonstruiert.

Pennsylvania Dutch Country

Das fruchtbare Ackerland westlich von Philadelphia wurde zuerst vor allem von deutsch sprechenden Täufern besiedelt. Die Bezeichnung *dutch* geht auf »Deutsch« zurück. Ihre Nachfahren spalteten sich in mehrere Gruppen auf, die meisten sprechen jedoch immer noch eine Art deutschen Dialekt und lehnen die moderne Lebensweise ab. Am bekanntesten sind die Amischen – Männer mit breitkrempigen Hüten auf ihren Einspännern, und Frauen in langen, einfachen Kleidern. Paradoxerweise ist diese Religionsgemeinschaft, die sich von der modernen Welt und deren Errungenschaften abgewendet hat, heute eine Touristenattraktion. Schauen Sie sich in Lancaster, York, Intercourse, Strasburg und Bird-in-Hand um. Das **Pennsylvania Dutch Convention & Visitors Bureau** (501 Greenfield Rd.) bei Lancaster versorgt Sie mit weiteren nützlichen Informationen.

Winterthur Museum

Südwestlich von Philadelphia in **Wilmington**, Delaware, hat die in der Textil- und Chemieindustrie reich gewordene Familie Du Pont einige wunderschöne Häuser errichtet. Der Landsitz von Henry Francis Du Pont, Winterthur, ist angefüllt mit Möbeln und Kunstwerken aus der Kolonialzeit, der Park lädt zum Spazieren ein.

Kaum ein anderes Denkmal in Washington hat eine solch monumentale Wirkung wie das Lincoln Memorial am Ende der Mall.

Washington, D. C. und Region

Die ersten Entdecker und Händler, die nach Amerika kamen, drangen auf dem Wasserweg ins Landesinnere vor. Die ersten englischen Siedler kämpften in Jamestown am Eingang der Bucht ums Überleben; aus den geschützten Ankerplätzen weiter nördlich wurden im Lauf der Zeit der malerische Hafen von Annapolis und die geschäftige Industriestadt Baltimore. Georgetown existierte schon lange, als die neue Landeshauptstadt Washington erbaut wurde. Die hügelige Landschaft von Maryland und Virginia lockt mit historischen Bauwerken und Schlachtfeldern aus dem Bürgerkrieg. Geschichtsträchtige Städtchen finden sich auch an der Küste Virginias, die außerdem mit schönen Strandregionen aufwartet.

Washington, D. C.

Inspiriert von Tempeln aus dem alten Rom und Griechenland, stehen die strahlend weißen Monumente und Regierungsgebäude der Hauptstadt inmitten von Parkanlagen und Wiesenflächen. Das Auge wandert breite Alleen entlang von einem Wahrzeichen zum andern. Besucher aus sämtlichen Ecken der USA strömen herbei, um die lebendige Chronik der Geschichte ihres Landes – und den Ort, wohin ihre Steuergelder fließen – mit eigenen Augen zu sehen.

Angesichts der Grünflächen der Mall, der baumbestandenen Alleen, der herrschaftlichen Wohnhäuser und Botschaften ist es kaum zu glauben, dass man sich auf ehemaligem Sumpfgebiet befindet. Bis in die 1930er- Jahre galt ein Posten in Washington unter Diplomaten als »Strafversetzung«. Die Stadt war verschrieen wegen des Mangels an Kultur, des schlechten Essens und der feucht-heißen Sommer; heute gibt es eine lebhafte Kulturszene, ein abwechslungsreiches Nachtleben, eine große Auswahl guter Restaurants – und überall Klimaanlagen. Über 8 Millionen Menschen leben in der Hauptstadt und ihren Vororten in Maryland und Virginia. Die Kapitale selbst zählt um die 600000 Einwohner; über 50 % davon Schwarze, die regelmäßig einen schwarzen Bürgermeister wählen.

Die meisten Sehenswürdigkeiten befinden sich im Westen und Nordwesten des Kapitols.

Capitol Hill

Eine Weltmacht wie die USA braucht als Symbol für die Demokratie einen spektakulären Regierungssitz – diesem Ruf wird das **Capitol** gerecht. In seinem Nordflügel ist der Senat untergebracht, im Südflügel das Repräsentantenhaus. Dazwischen wölbt sich die riesige, dem Petersdom in Rom nachempfundene Kuppel.

Sie wurde zwischen 1851 und 1863 aus 4000 Tonnen Gusseisen – mit weißem Anstrich – erbaut. Über der Kuppel thront eine Frauenfigur mit gefiedertem Helm als Symbol für die Freiheit.

Gehen Sie nach Besichtigung der Innenräume auf die Westterrasse, und lassen Sie den Blick von der Mall zum Washington Monument und zum Lincoln Memorial schweifen. Von den zahllosen Denkmälern der Stadt sei das **Grant Memorial** zu Ehren des Bürgerkriegsgenerals erwähnt. Im **Botanischen Garten** gedeihen im Gewächshaus Hunderte von Orchideen. In direkter Nachbarschaft des Kapitols befindet sich unterirdisch das neue **Visitor Center**. Sie können das Kapitol ausschließlich im Rahmen einer (kostenlosen) Führung besichtigen, eine frühzeitige Reservierung ist allerdings erforderlich *(www.visitthecapitol.gov)*.

Rotunda

Bei der 30–40-minütigen Führung haben Sie Gelegenheit, das riesige Deckenfresko *The Apotheosis of George Washington* (1865) von Constantino Brumidi zu bewundern. Es stellt den ersten, von den Frauenfiguren Freiheit und Sieg verherrlichten Präsidenten dar, umrahmt von festlich gekleideten Jungfrauen, die die 13 Gründerstaaten der USA repräsentieren. Darunter ist ein 91 m langer

Politische Strukturen. Die USA besteht aus 50 Staaten und dem Disctrict of Columbia (D. C.). Der Präsident wird für vier Jahre gewählt und kann einmal wiedergewählt werden. Der Kongress setzt sich aus dem Senat mit zwei Senatoren aus jedem Bundesstaat und dem Repräsentantenhaus mit über 400 Abgeordneten zusammen, die in Distrikten mit annähernd derselben Anzahl von Wählern gewählt werden. Senatoren haben eine Amtsperiode von sechs, Abgeordnete von zwei Jahren, eine Wiederwahl ist möglich. Demokraten und Republikaner sind seit der Staatsgründung die beiden maßgeblichen Parteien. Der Präsident muss nicht zwangsläufig der führenden Kongresspartei angehören.

Fries Brumidis zu sehen, den einer seiner Schüler erst 1953 vollendete. Er erzählt Begebenheiten aus der amerikanischen Geschichte, angefangen von Kolumbus bis zum Start des ersten Motorflugzeugs der Brüder Wright im Jahr 1903.

Repräsentantenhaus und Senat

Südlich der Rotunda sind in der **Statuary Hall** Skulpturen berühmter Männer und Frauen aus den 50 amerikanischen Bundesstaaten aufgestellt. Anfangs als Repräsentantenhaus genutzt, wurde der halbrunde Saal bald zu klein; gleiches gilt für den eleganten Bau des Alten Senats an der Nordseite. An sitzungsfreien Tagen finden geführte Rundgänge durch die heutigen Räume des Repräsentantenhauses und des Senats statt.

Supreme Court

Östlich des Kapitols, gegenüber dem Senat, steht ein klassizistischer römischer Tempel aus strahlend weißem Marmor. Hier sind die neun Richter des Obersten Gerichtshofs als Hüter der Verfassung für die Auslegung der Gesetze verantwortlich und als Vertreter des Berufungsgerichts in letzter Instanz tätig. Die Richter treten (von Oktober bis April, Montag bis Mittwoch um 10 Uhr) zwei Wochen pro Monat zusammen. Die Plätze auf der Besuchergalerie sind begrenzt.

Library of Congress

Die Kongressbibliothek ist in mehreren Gebäuden untergebracht. Die ganze Pracht des im viktorianischen Stil erbauten Thomas Jefferson Building gegenüber vom Kapitol ist auf einer kostenlosen 45-minütigen Führung zu besichtigen. Das extravagante Gebäude aus dem Jahr 1897 besticht durch seinen Reichtum an farbigem Marmor, Mosaiken, Skulpturen und Buntglasfenstern. Zu sehen gibt es unter anderem Jeffersons Entwurf zur Unabhängigkeitserklärung und Lincolns Rede zu Ehren der im Bürgerkrieg Gefallenen.

The Mall

Der von Präsident Washington ausgewählte Schöpfer der neuen Bundeshauptstadt, der französische Architekt Pierre L'Enfant, sparte im Zentrum einen großen freien Raum für eine Prachtstraße aus. Zwei Jahrhunderte später ist daraus die breite grüne Mall geworden, die sich vom Kapitol bis zum Washington Monument erstreckt (und weiter nach Westen bis zu den Constitution Gardens und im Süden den Potomac entlang). Die meisten Sehenswürdigkeiten liegen direkt an der Mall oder unmittelbar nördlich davon. Für die längeren Strecken werden *Tourmobile*-Busse eingesetzt, die die wichtigsten Gebäude und Museen in regelmäßigen Abständen anfahren.

Smithsonian Institution. James Smithson war ein britischer Wissenschaftler, der die USA bewunderte, aber nie besuchte. 1829 vermachte er der amerikanischen Regierung eine beträchtliche Summe, um damit eine »Stiftung zur Verbesserung und Verbreitung von Wissen« zu gründen: die Smithsonian Institution. Zuerst in dem Castle genannten Ziegelgebäude an der Mall untergebracht, gehören zur Stiftung heute ein Dutzend Museen; die Themen reichen von indianischen Gebrauchsgegenständen zu Insekten, von asiatischer Kunst zur Weltraumfahrt.

Zu beiden Seiten der Mall ist eine beeindruckende Anzahl bedeutender Museen und Kunstgalerien angesiedelt, so dass unter Zeitdruck stehende Besucher die Qual der Wahl haben.

National Gallery of Art
Der riesige klassizistische Palast der Nationalgalerie (4th und Constitution Ave. NW) wurde 1941 fertiggestellt. Er beherbergt etliche der höchstdotierten Kunstwerke der Welt. Viele dieser Ausstellungsstücke wurden von Spendern wie dem Multimillionär Andrew W. Mellon gestiftet. Durch einen unterirdischen Gang oder einen separaten Eingang betritt man den Ostflügel des Architekten I. M. Pei, in dem Kunst des 20. Jh. und Sonderausstellungen untergebracht sind.

National Air and Space Museum
Dieses Museum (6th und Independence Ave. NW) verfügt über die weltweit bedeutendste Sammlung von historischen Motorflug- und Raumfahrzeugen. Hier sind etwa der *Flyer* der Brüder Wright von 1903, Flugzeuge aus dem 1. und 2. Weltkrieg sowie die Apollo-11-Kommandokapsel ausgestellt, die die ersten Menschen zum Mond brachte.

Hirshhorn Museum and Sculpture Garden
Das auf vier Pfeilern ruhende, zylinderförmige Museum (7th und Independence Ave.) mit einem Skulpturengarten beherbergt Joseph Hirshhorns riesige Kunstsammlung, die v. a. französische Impressionisten und amerikanische Modernisten umfasst.

Freer and Sackler Galleries
Die Arthur M. Sackler Gallery (1050 Independence Ave, SW)

bildet zusammen mit der Freer Gallery of Art (12th St und Jefferson Dr., SW) jenen Teil der Smithsonian Institution, der nah- und fernöstliche Kunst zeigt, darunter Gemälde, Skulpturen, Porzellan und Keramik.

Weitere Museen und Galerien

Das **National Museum of the American Indian** (Independence Ave SW und 4th St SW) wurde 2004 eröffnet. Der mehrere Hundert Millionen Dollar teure Bau birgt das weltgrößte Museum für indianische Kultur.

Das **Museum of African Art** (950 Independence Ave, SW) ist eine weitere Schenkung eines Mäzens, das die Kunst des Schwarzen Kontinents präsentiert.

Das **United States Holocaust Memorial Museum** (100 Raoul Wallenberg Place) dokumentiert die Leidensgeschichte des jüdischen Volkes.

Das **National Museum of American History** (14th St und Constitution Ave., NW) präsentiert die Sozial-, Kultur-, Militär- und Wissenschaftsgeschichte der Vereinigten Staaten.

Erwähnt seien auch das **Museum of Natural History** (10th St und Constitution Ave, NW) sowie die **National Archives** (Constitution Ave., zwischen 7th und 9th Street, NW), wo die Unabhängigkeitserklärung, die Verfassung und die *Bill of Rights* gezeigt werden.

Sehr beliebt ist die **Phillips Collection** (Ecke 21st/Q Street, NW) nördlich des Stadtzentrums. Jedes einzelne Werk hier ist erlesen, das Prunkstück ist aber eindeutig Renoirs *Frühstück der Ruderer*.

Washington Monument

Eine leichte Bodenerhebung am Ende der Mall, in Sichtweite des Weißen Hauses, wurde als Standort für das Denkmal des siegreichen Generals und ersten Präsidenten ausgewählt. Der 169 m hohe Obelisk aus weißem Marmor ist schlicht und edel. Ursprünglich sollte ein Rundbau mit verschiedenen Statuen hinzugefügt werden. Geldmangel machte diese Pläne zum Glück zunichte und verzögerte die Vollendung der Marmorsäule um 25 Jahre.

Zwei berühmte Kunstmuseen. Die **National Gallery of Art** in Washington besitzt eine der größten Kunstsammlungen der Welt. Bewundern Sie die Gemälde von Leonardo da Vinci, Botticelli, Rembrandt, Vermeer, Gainsborough, Monet und Toulouse-Lautrec. Im **Metropolitan Museum of Art** in New York sind die besten Werke europäischer und amerikanischer Maler ausgestellt, dazu byzantinischer Schmuck, ägyptischer Statuen und Skulpturen aus dem Mittelalter und anderes mehr.

1884 wurden Pioniere der Armee herangezogen, um das Bauwerk fertigzustellen; eine unterschiedliche Marmorschattierung zeigt, wo ihre Arbeit begann. Das Monument ist ein posthumer Triumph des Architekten Pierre L'Enfant.

Seit einem Erdbeben im August 2011 ist das Monument wegen Restaurierungsarbeiten für die Öffentlichkeit geschlossen. Eine Wiedereröffnung ist für das Frühjahr 2014 geplant.

Lincoln Memorial

Von den Constitutional Gardens aus gelangt man auf einem baumbestandenen Weg an einem glitzernden Teich vorüber zum klassizistischen Tempel zu Ehren des Präsidenten, der die Union rettete. Dieses 1922 vollendete Gebäude wurde etwas abseits errichtet, damit es seine Wirkung voll entfalten kann. Die 36 dorischen Säulen symbolisieren die Staaten der Union zur Zeit von Lincolns Ermordung 1865.

Im Inneren ist die von Daniel Chester French geschaffene weiße Marmorstatue des sitzenden Lincoln wirkungsvoll beleuchtet. In die Wände sind berühmte Sätze aus Lincolns Reden eingraviert: »(...) dass diese Nation mit Gottes Hilfe eine neue Ära des Friedens erleben wird – und dass die Regierung des Volkes, durch das Volk und für das Volk nicht mehr von der Erde verschwinden wird«. Kommen Sie wenn möglich auch einmal bei Nacht: Der Anblick des in Flutlicht getauchten Washington Monument und des Kapitols ist überwältigend.

Vietnam Veterans Memorial

Das Denkmal besteht aus einer 75 m langen Mauer aus schwarzem poliertem Granit. Auf der spiegelglatten Oberfläche dieser Gedenkstätte sind die Namen der über 58000 gefallenen und vermissten Soldaten aus dem Vietnamkrieg verewigt. Kriegsveteranen waren dafür eingetreten, ein solches Mahnmal zu errichten, und hatten einen Ideenwettbewerb organisiert. Aus den 1421 Einsendungen wurde die Arbeit einer 21-jährigen Yale-Studentin ausgewählt. Die Eltern von Maya Lin waren aus China in die USA eingewandert.

Jefferson Memorial

Die weiße Kuppel und die weißen Säulen des 1943 zu Ehren des dritten Präsidenten der USA errichteten Denkmals spiegeln sich in der Wasseroberfläche des **Tidal Basin**. Hierher kommen Eltern mit ihren Kindern zum Tretbootfahren. Im Frühling ist das Areal in ein Meer von rosa und weißen Kirschblüten getaucht; die Bäume waren ein Geschenk Japans.

Weißes Haus

Der Amtssitz eines jeden Präsidenten der USA seit 1800 ist uns von Fotos und aus dem Fernsehen so bekannt, dass man sich das Weiße Haus kaum anders vorstellen kann. Fast jeder Präsident (oder jede First Lady) hat das Gebäude jedoch verändert, und es ist mehr als einmal umgebaut worden. Der ursprüngliche, im Stil Palladios gehaltene weiß gestrichene Sandsteinbau aus dem Jahr 1792 stammte von dem irischen Architekten James Hoban.

Seit dem 11. September 2001 sind Besuche des Weißen Hauses bis heute nicht mehr möglich, allerdings sollen sie bald wieder stattfinden; aktuelle Informationen darüber gibt es auf der Internetseite des Weißen Hauses: www.whitehouse.gov Hier gibt es außerdem einen kurzweiligen, virtuellen Rundgang.

Der Eingang befindet sich im Ostflügel. Anschließend gelangt man in den heiteren **Garden Room** mit Bambusrohr-Möbeln, die für den Regency-Stil im England des frühen 19. Jh. typisch sind. Im ersten Stock dient der in weiß und gold gehaltene **East Room** für Konzerte, Empfänge und Pressekonferenzen. Abigail Adams, die erste First Lady, benutzte diesen Raum, um an regnerischen Tagen ihre Wäsche aufzuhängen, die Kinder von Theodore Roosevelt fuhren hier Rollschuh oder ritten

Im Weißen Haus residieren seit 1800 sämtliche Präsidenten der USA.

auf ihren Ponys. Der angrenzende **Green Room**, Jeffersons Speisezimmer, ist heute ein Wohnzimmer. Der ovale **Blue Room** passt sich wie die Räume darüber und darunter an die Form der halbrunden Säulenhalle an. (Das berühmte Oval Office des Präsidenten liegt im Westflügel, weit entfernt von dem öffentlichen Rundgang.) Im **Red Room** sind die Wände mit tiefroter Seide bespannt. Hier hängen zahlreiche Porträts wie das des berühmten Vogel- und Tiermalers John James Audubon. Nach dieser Farbenpracht erscheint der

State Dining Room ziemlich bescheiden und klein, wenngleich 140 Gäste darin Platz haben. Im Obergeschoss dieses westlichen Teils des Haupthauses liegen die Wohnräume der Präsidentenfamilie – die allerdings nur mit persönlicher Einladung zugänglich sind.

Lafayette Square
Sie verlassen den Amtssitz des Präsidenten durch das Nordportal, ab hier ist Fotografieren wieder erlaubt. Ein Schnappschuss vor dem Weißen Haus bietet sich an. Die Grünfläche jenseits der Umzäunung wird häufig für Protestkundgebungen genutzt. Der Reiter aus Bronze in der Mitte ist **Andrew Jackson**, 7. Präsident der USA, und nicht Marquis de Lafayette – seine Statue steht in einer Ecke. In der klassizistischen **St John's Church** (1815) mit den Buntglasfenstern haben fast alle Präsidenten dem Sonntagsgottesdienst beigewohnt.

Pennsylvania Avenue
Pierrre L'Enfant zog eine gerade Linie, die Pennsylvania Avenue, zwischen dem Weißen Haus und dem Kapitol. Doch der freie Blick wurde 1836 durch den Bau des **Treasury** (Finanzministerium) gestört – einem Symbol dafür, dass Geld den Kontakt zwischen Präsident und Kongress stört. Vom Turm des **Old Post Office** aus hat man eine herrliche Sicht auf Washington und Umgebung.

Ford's Theatre
Am 14. April 1865 wurde Abraham Lincoln in diesem kleinen Theater nördlich des **FBI Building** an der Pennsylvania Avenue von John Wilkes Booth, einem Sympathisanten der Konföderierten,

---

Orientierungshilfe. Im rechteckigen Raster der Innenstadt sind die nord-südlich verlaufenden Straßen nummeriert und die west-östlichen Straßen alphabetisch geordnet; das Kapitol bildet den Ausgangspunkt. Somit gibt es eine 14. Straße östlich und eine westlich des Kapitols sowie je eine D-Straße im Norden und im Süden. Die Avenues verlaufen rechtwinklig zu den Streets und sind nach den amerikanischen Staaten benannt. Zwei Kuriositäten: Die Straße Null ist die Capitol Street (Richtung Norden und Süden) und die B-Straßen heißen Constitution und Independence Avenue.

istockphoto.com/Welles

erschossen. Unmittelbar nach dem Attentat wurde das Theater geschlossen, später diente es als Regierungsgebäude. Heute ist es restauriert und hält die Erinnerung an den denkwürdigen Tag wach. Im Untergeschoss wird Lincolns Leben dokumentiert.

Sie können auch das gegenüberliegende **Petersen House** besichtigen, in das der Präsident nach dem Attentat gebracht wurde, und wo er verschied.

Arlington

Folgen Sie den Legionen von Joggern auf die **Arlington Memorial Bridge** über den Potomac, betreten Sie den Boden des Bundesstaates Virginia. Im **Arlington House** wohnte der spätere Südstaatengeneral Robert E. Lee vor Ausbruch des Bürgerkriegs 1861. Hier traf er die Entscheidung, die Befehlsgewalt über die Truppen der Union, die Virginia angreifen wollten, niederzulegen: Obwohl er gegen die Sklaverei war, wollte er nicht gegen den eigenen Staat kämpfen.

Arlington National Cemetery

Während des Bürgerkriegs wurde Lees Haus konfisziert und das umliegende Land als Begräbnisstätte für die Gefallenen genutzt. Daraus entstand der heutige Nationalfriedhof, auf dem – solange noch Platz war – alle Kriegsveteranen und deren Familien das Recht hatten, beerdigt zu werden.

Von der Vorderseite des Mausoleums von Pierre L'Enfant hat man einen wunderbaren Blick auf Washington. Südlich der Ruhestätte, vor dem Marmorgrab des »Unbekannten Soldaten«, hält ein Infanterist Wache.

Die **Kennedy-Gräber** befinden sich auf einem Hügel weiter nördlich. Auf John F. Kennedys ovalem, ummauerten Grab mit eingravierten Worten aus seiner Antrittsrede brennt eine Ewige Flamme; der einfache weiße Grabstein seines Bruders trägt die Aufschrift *Robert Francis Kennedy 1925–1968*.

Georgetown

Ein kleiner Tabakhafen befand sich bereits an der Stelle am Potomac, die für die neue Hauptstadt Washington ausersehen war. Georgetown wurde in die Stadt integriert, doch seine spezielle Atmosphäre ist bis heute spürbar: ruhige, von Laubbäumen gesäumte Straßen mit vornehmen alten Stadthäusern, modische Boutiquen und Galerien, eine exklusive Universität – und ein überaus reges Nachtleben mit Restaurants, Bars, Diskotheken und Kabaretts.

Mount Vernon

George Washington zog sich nach Mount Vernon (26 km südlich von Washington) zurück, sooft seine Pflichten als Oberbefehlshaber und Präsident es

Prächtige Tulpenfelder weisen den Weg nach Mount Vernon, einer der am häufigsten besuchten historischen Pilgerstätten der USA.

erlaubten. Der Blick schweift hier über grüne Wiesen bis hinunter zum Potomac. Das Haus mit seiner klassizistischen Säulenhalle und der langen rückwärtigen Veranda hatte er weitgehend selbst entworfen. Vieles ist so erhalten, wie es zu seinen Lebzeiten war: Schreibtisch, Stuhl und Globus stehen im Arbeitszimmer, und im Obergeschoss ist das außergewöhnlich lange Bett zu sehen, in dem er 1799 starb – Washington war mit 1,88 m selbst für heutige Verhältnisse groß.

Maryland

Der im Südwesten an Washington und Virginia grenzende Bundesstaat Maryland mit seinen beiden Hafenstädten Baltimore und Annapolis ist aufgrund des tief in das Land hineinreichenden *Chesapeake Bay* eng mit dem Meer und der Seefahrt verbunden.

Baltimore

Marylands größte Stadt liegt 56 km nordöstlich von Washington an der Mündung des Patapsco River in die Chesapeake Bay. Baltimore wurde 1729 als Tabakhafen gegründet und entwickelte sich zu einem bedeutenden Schiffsbauzentrum. 1827 wurde die Baltimore & Ohio Railroad, die erste Eisenbahnlinie des Landes, eingeweiht. Viele alte Gebäude im Stadtzentrum fielen 1904 einem Brand zum Opfer, doch Stahlwerke und Raffinerien stehen für industrielles Wachstum und Neuorientierung.

Mit der Eröffnung des **Charles Center** mit seinen freundlichen Plätzen, Einkaufszentren, Theatern und Cafés ist heute in Downtown wieder Leben eingekehrt.

Inner Harbor

Noch anspruchsvoller als das Charles Center ist das 38 ha umfassende Aufbauprojekt, mit dem das heruntergekommene und halbverfallene Hafenviertel wieder auf die Beine gestellt wurde. Eine Uferpromenade, Parks, Theater und Lebensmittelgeschäfte locken Besucher an, und in den Hafenrestaurants werden Fisch und Meeresfrüchte frisch aus der Bucht angeboten. Das **National Aquarium** am Pier 3 gehört zu den schönsten der Welt.

Im **Baltimore & Ohio Railroad Museum** (901 West Pratt St) sind alte

Lokomotiven ausgestellt. Man kann das renovierte Segelschiff *USS Constellation* besichtigen, das 1854 gebaut wurde und im Bürgerkrieg seine Dienste leistete, oder mit einem Schiff zum Fort McHenry fahren.

Annapolis

Die Hauptstadt Marylands liegt 51 km östlich von Washington. Von den puritanischen Siedlern Providence genannt, wurde sie 1694 zu Ehren der englischen Prinzessin und späteren Königin Anne in Annapolis umgetauft.

Im Zentrum sind viele attraktive Holzhäuser aus dem 18. Jh. erhalten. Im von einer Kuppel überdachten **State House** von 1780 legte der siegreiche General Washington am Ende des Unabhängigkeitskriegs den Oberbefehl nieder, als Annapolis vorübergehend als Hauptstadt der Vereinigten Staaten fungierte. Im **Old Treasury** von 1735 kann man sich über Führungen informieren und einen Stadtplan erwerben.

Die **United States Naval Academy** am anderen Ende der East Street wurde 1845 gegründet. Museum und Kapelle sind für die Öffentlichkeit zugänglich. Im Hafen liegen die Schiffe vor Anker, die die berühmten Meeresfrüchte der Chesapeake Bay an Land bringen, und in Flussmündungen und Buchten drängeln sich Sport- und Ausflugsboote.

Die Küste von Virginia

174 Jahre dauerte die Ära des britischen Kolonialismus in dem Land, aus dem einmal die USA werden sollten: Sie begann mit der Gründung der ersten englischen Siedlung in Jamestown und endete mit der Kapitulation im nahe gelegenen Yorktown. Im Museumsdorf Colonial Williamsburg kann man das Leben des 18. Jh. auf vergnügliche Weise nachvollziehen. Norfolk mit seinem außergewöhnlich tiefen Hafen ist ein bedeutendes Schifffahrts- und Handelszentrum.

Norfolk

Wenn man sich am herrlichen Bild des Hafens, in dem sich Schiffe aus aller Welt drängen, sattgesehen hat, bietet sich ein Besuch der **Naval Station Norfolk**, des größten Marinestützpunkts der Welt an. Norfolk ist das Hauptquartier der nordamerikanischen Atlantikflotte; meist liegen Dutzende von Kriegsschiffen sowie riesige Atom-Flugzeugträger im Hafen.

Im **General Douglas MacArthur Memorial** in der **City Hall** aus dem 19. Jh. ruhen die sterblichen Überreste des umstrittenen Generals, der im 2. Weltkrieg die Kapitulation Japans entgegennahm und das Land der aufgehenden Sonne dann sechs Jahre lang regierte. Anhand von Dokumenten, Wochenschauen, Fotos und Erin-

Imposanter Flugzeugträger der US-Marine auf der Naval Station Norfolk.

nerungsstücken wird seine Lebensgeschichte erzählt.

Die Sammlung des **Chrysler Museum of Art** (245 W Olney Rd; bis 2014 geschlossen) umfasst 5000 Jahre Kunstgeschichte. Im **Hermitage Museum and Gardens**, dem Nachbau eines Tudor-Hauses an der North Shore Road, ist Kunst aus dem Orient und Okzident vereint.

Vor allem im Frühling während des Azaleen-Festivals ist der 70 ha große **Norfolk Botanical Garden** eine Augenweide. Man kann die Gärten zu Fuß, mit dem Boot oder der Besucherbahn besichtigen.

Das **Adam Thoroughgood House** mit seinen Möbeln aus dem 17. Jh. ist einer der ältesten Backsteinbauten Amerikas.

Die **St Paul's Church** (1739) ist wegen der in ihren Mauern steckengebliebenen britischen Kanonenkugel berühmt – eine Erinnerung an den Unabhängigkeitskrieg von 1776.

Virginia Beach

Der Ort östlich von Norfolk ist das einzige größere Seebad Virginias und mit den langen Sandstränden und den riesigen Wellen ein Anziehungspunkt für Surfer. Die Uferpromenade mit ihren Hotels, Motels, Restaurants und Bars ist 5 km lang. Das **Old Cape Henry Lighthouse** stammt von 1791.

Im **Virginia Aquarium & Marine Science Center** (717 General Booth Blvd) kann man sich über die Welt des Meeres informieren und in den Aquarien sogar auf Tuchfühlung mit heimischen Krustentieren gehen.

Das schön restaurierte **Adam Thoroughgood House** (1680) in der Parish Road gilt als einer der ältesten Backsteinbauten Amerikas.

Virginia Peninsula

Hampton auf der anderen Seite des Hampton Roads Bridge-Tunnels wurde 1610 besiedelt, litt im 18. Jh. unter den Überfällen von Piraten und war auch im Unabhängigkeitskrieg sowie im Bürgerkrieg zahlreichen Angriffen ausgesetzt. In **Fort Monroe** an der Spitze der Halbinsel war Jefferson Davis, der Präsident der Konföderation, nach seiner Niederlage für zwei Jahre inhaftiert.

Newport News

Eine der größten Schiffswerften der Welt wurde 1621 gegründet und ist nach Captain Christopher

Newport benannt, dem Flottenkommandanten, der 1607 die ersten Siedler nach Jamestown brachte. In diesem Hafen werden neben Ozeandampfern auch einige der größten Schlachtschiffe und Flugzeugträger der US-Marine gebaut. Im **Mariners' Museum** (100 Museum Drive) ist die Geschichte des Ortes dokumentiert.

Jamestown

Nicht gerade den günstigsten Platz für die erste englische Kolonie in Amerika hatten sich die Siedler mit den sumpfigen, moskitoverseuchten Niederungen von Jamestown ausgesucht. Die Neuankömmlinge wurden häufig von den Powhatan-Indianern angegriffen, und Hunger und Krankheiten forderten einen solch hohen Tribut, dass kaum die Hälfte das erste Jahr überlebte. Von seiner Gründung im Jahre 1607 bis 1699 war Jamestown die Hauptstadt Virginias. Nach einem verheerenden Brand verlagerte man den Regierungssitz nach Williamsburg, und Jamestown geriet in Vergessenheit.

Heute ist das Gelände des alten Jamestown Teil des **Colonial National Historical Park**, 15 Minuten von Williamsburg entfernt. Nur die Überreste des Turms einer Backsteinkirche sind noch erhalten, Ausgrabungen brachten neuerdings die Fundamente von Häusern und öffentlichen Gebäuden zu Tage. Gleich daneben steht der Museenkomplex **Jamestown Settlement** mit Nachbauten des ursprünglichen Forts und eines Dorfes der Powhatan-Indianer. Museumsangestellte in Kostümen aus dem 17. Jh. führen vor, wie die Menschen damals gelebt haben. Am Fluss liegen Nachbauten der Schiffe *Godspeed*, *Susan Constant* und *Discovery* vor Anker, mit denen die unerschrockenen, aber unerfahrenen Kolonisten in ihrer neuen Heimat ankamen.

Jamestown, Statue der Häuptlingstochter Pocahontas: Ihre Liebe zum Siedler John Smith entspann sich zu einem Gründungsmythos Amerikas.

Colonial Williamsburg

Seit dem 18. Jh. hat Williamsburg sein Stadtbild beinahe unverändert beibehalten. Zu Beginn des Unabhängigkeitskrieges beschloss die Führung Virginias, die Regierung in das leichter zu verteidigende, im Inland gelegene Richmond zu verlegen. Williamsburg versank in einen Dornröschenschlaf, seine alten Häuser blieben von Modernisierungsmaßnahmen verschont und in ihrem ursprünglichen, wenn auch heruntergekommenen Zustand erhalten. In den 1920er-Jahren konnte John D. Rockefeller Jr. dafür gewonnen werden, die Restaurierung der Stadt zu finanzieren. Hunderte von Häusern, Geschäften und Tavernen wurden renoviert oder im alten Stil neu aufgebaut.

Das Leben der ersten Siedler wird so authentisch wie möglich dargestellt; Einheimische in der Kleidung des 18. Jh. erklären und demonstrieren die Sitten und Gebräuche der damaligen Zeit. Die Häuser sind bis ins kleinste Detail originalgetreu ausgestattet. Autos und andere Errungenschaften der Neuzeit sind tabu.

Capitol und Governor's Palace

Am Ostende der breiten Duke of Gloucester Street steht die imposante Rekonstruktion des Kapitols von 1705. Hier waren sowohl das House of Burgesses, die Legislative, als auch das Gericht,

Drei Städte aus der Kolonialzeit. Inspiriert vom englischen Klassizismus entwickelte die Architektur in den amerikanischen Kolonien bald ihr eigenes Profil. In **Colonial Williamsburg** wurde eine große Zahl schöner Gebäude aus dem 18. Jh. restauriert, die Patrizierhäuser von **Charleston** sind erstaunlicherweise fast vollständig erhalten geblieben, und in **Savannah** mit seinen baumbestandenen Plätzen und Straßen spürt man noch einen Hauch von Wohlstand und altem Adel.

flickr.com/humbertomoreno

der General Court, untergebracht. Im nahe gelegenen Gefängnis **Public Gaol** wurden bis ins frühe 20. Jh. Gefangene festgehalten.

Der elegante zweistöckige Governor's Palace am Palace Green wurde anhand genauer Originalpläne vollkommen neu aufgebaut. Diese Pläne stammten von niemand Geringerem als Thomas Jefferson, der hier sechs Monate als Gouverneur von Virginia residierte. Die vielen Werkstätten der Büchsenmacher, Wagner, Schuster, Schmiede, Tischler und Buchdrucker bieten einen interessanten Einblick in die Arbeitswelt dieser alten Berufe.

Museen

Williamsburg ist ein Zentrum für Kunst und Kunsthandwerk aus der Kolonialzeit. Das **Abby Aldrich Rockefeller Folk Art Museum** besitzt eine Sammlung von Gemälden und Skulpturen naiver Maler sowie von Haushaltsgeräten und Spielzeug. Im **DeWitt Wallace Decorative Arts Museum** sind amerikanische und englische Antiquitäten zu sehen.

College of William and Mary

Gleich neben dem Gelände von Colonial Williamsburg liegt die zweitälteste Universität der USA, zu deren Schülern einst Jefferson und James Monroe, der fünfte amerikanische Präsident, gehörten. George Washington legte hier seine Prüfungen ab. Das elegante Wren Building von 1695 ist das älteste noch genutzte Universitätsgebäude der USA.

Yorktown

In der Nähe von Jamestown und Williamsburg liegt der kleine Tabakhafen Yorktown, wo die entscheidende Schlacht des Unabhängigkeitskriegs stattfand. Die britischen Truppen unter Lord Cornwallis waren am Ende der Halbinsel von den vereinigten Streitkräften der Amerikaner und Franzosen eingeschlossen worden. Vergeblich hofften sie auf die Hilfe ihrer Seestreitkräfte und ergaben sich schließlich am 19. Oktober 1781. Bis zum Frieden zog sich der Krieg zwar noch weitere zwei Jahre hin, doch der Sieg bei Yorktown war der entscheidende Schritt auf dem Weg zur Unabhängigkeit der Kolonien.

Im **Yorktown Victory Center** kann man einen Film über die historischen Hintergründe und den Verlauf der Schlacht sehen.

Museumsangestellte in Originalkleidung führen den Umgang mit alten Waffen, das damalige Küchenhandwerk und die Landbestellung vor. Man hat einen guten Blick über das Schlachtfeld, die Belagerungslinien und das Hauptquartier Washingtons. Im **Moore House** am Fluss wurde die Kapitulation unterzeichnet.

Das Nathaniel Russel House, ein prächtiges Herrenhaus aus dem 19. Jh., lohnt jederzeit einen Besuch.

Charleston

Charleston, früher als »Schönheit des Südens« bekannt, war einst die viertgrößte Stadt Nordamerikas, überaus glanzvoll, wohlhabend und elegant. Sie wurde 1670 gegründet und nach Charles II. benannt. Bald schon ließen sich Kaufleute, Händler und Verfolgte verschiedener Glaubensrichtungen hier nieder. Reis, Baumwolle und Indigo gediehen gut; um die Arbeit in den Plantagen zu bewältigen, wurden Sklaven herbeigeschafft. Der Handel blühte, und der Hafen konkurrierte bald mit jenen von Philadelphia und New York.

Charlestons großer Auftritt in der Geschichte kam erst am 12. April 1861, als die Truppen von South Carolina das Feuer auf Fort Sumter, die Garnisonsstadt der Union an der Mündung der Bucht, eröffneten. Vier Jahre später war der Süden zerstört und verwüstet. In der Folge hatte Charleston mit Erdbeben, Feuersbrünsten und Wirbelstürmen zu kämpfen, und im Lauf der Zeit verfiel die traditionsreiche Stadt.

Der neue wirtschaftliche Aufschwung der Region hat heute auch Charleston (125 000 Einwohner) erfasst, doch das Bewusstsein für die glorreichen alten Zeiten ging nicht verloren. Die Ziegelsteinhäuser aus dem 18. und 19. Jh. mit Stuck und farbig gestrichenen Holzverzierungen wurden liebevoll restauriert. Das sehr gut erhaltene koloniale Viertel von Charleston liegt an der Spitze der von den Flüssen Ashley und Cooper eingegrenzten Halbinsel und zählt heute zu den schönsten der USA.

Old Charleston

Im **Charleston Visitor Center** (Ecke Meeting und Ann Sts) gibt es Karten und Broschüren sowie die Multimedia-Show *Forever Charleston*. Die Meeting Street bildet das Rückgrat des historischen Viertels.

Im **Charleston Museum** gegenüber dem Visitor Center werden die Themen Kolonialzeit, Sklaverei und Bürgerkrieg sehr anschaulich dargestellt. Das 1773 gegründete Museum ist das älteste Nordamerikas.

In der Nähe des Museums stehen zwei alte Wohnsitze von Plantagenbesitzern. Das **Joseph Manigault House** verdankt seinen Namen einem Reis-Pflanzer französischer Herkunft. Es stammt von 1803 und ist typisch für den Federal Style.

Ein paar Häuser weiter steht das **Aiken-Rhett House Museum**, das sich von den anderen Häusern insofern abhebt, als es keine Restaurierung erfahren hat und seit 1858 praktisch unverändert geblieben ist. Wenn die Räume teils auch in schlechtem Zustand sind, liefern die Tapeten aus dem

19. Jh., die abgewetzten Möbel und die ehemaligen Sklaven-Baracken hinter dem Haus einen authentischen Einblick in die Vergangenheit.

French Quarter

Die gedeckten Hallen des **Old City Market**, die sich bis zum Hafen hin erstrecken, wurden zwischen 1804 und 1830 errichtet. Mittlerweile gibt es hier vor allem Souvenirläden; einige ältere Damen verkaufen Korbwaren aus Süßgras – eine Gullah-Tradition, die von Sklaven aus Westafrika weitergegeben wurde.

Im oberen Stock ist das **Confederate Museum** untergebracht. Es präsentiert mit unverhohlener Südstaaten-Nostalgie Flaggen, Uniformen, Schwerter und andere Erinnerungsstücke aus dem Umfeld der Konföderation.

Gibbes Museum of Art

Die umfassende Kunstsammlung dieses Museums (135 Meeting St) ist der Stolz der Stadt. Die meisten der ausgestellten Werke stammen von amerikanischen Künstlern und haben Charleston oder die Südstaaten zum Thema.

St Philip's Episcopal Church

Die St Philip's Episcopal Church (1835) in der Church Street musste lange Zeit ohne Glocken auskommen. Die Konföderierten hatten sie zu Kanonen eingeschmolzen. Erst 1976 wurden neue Glocken aufgehängt. Die Grabinschriften auf dem Friedhof berichten von Krankheiten, denen früher ganze Familien zum Opfer fielen: Gelbfieber, Typhus, Scharlach und Pocken.

French Huguenot Church

Die Huguenot Church wurde 1681 von französischen Protestanten gegründet. Anfangs kamen die Gläubigen mit dem Schiff von ihren Plantagen flussaufwärts, und die Gottesdienste richteten sich nach den Gezeiten: Bei Flut wurde begonnen, bei Ebbe kehrte man zurück.

Dock Street Theatre

Das Dock Street Theatre ist eine Rekonstruktion des Gebäudes von 1736, welches das erste Theater der amerikanischen Kolonien beherbergte. Nach einem Brand Anfang des 19. Jh. wurde das Planter's Hotel auf seinen Überresten errichtet; seit 1936 ist es wieder ein Theater.

Chalmers Street

Die Chalmers Street ist eine der wenigen verbliebenen Pflasterstraßen von Charleston. Unter den reizvollen kleinen Häusern, die sie säumen, befindet sich auch das **Pink House**, ältestes Haus der Stadt (gebaut zu Beginn des 18. Jh.) und leicht erkennbar an seiner rosa Farbe.

Der zum Museum umfunktionierte **Old Slave Mart** (Sklavenmarkt) – in Betrieb von 1856 bis 1863 – gewährt Einblick in ein düsteres Kapitel Vergangenheit.

Old Exchange Building
In der Erweiterung der Broad Street erstrecken sich unter der alten Börse (Old Exchange) und dem ehemaligen Zollamt von 1771 die Gefängniszellen des **Provost Dungeon**. In diesem Kerker schmachteten Piraten und während des Unabhängigkeitskriegs auch amerikanische Patrioten. In einem Teil des Gebäudes wurde ein Museum eingerichtet.

Battery
Viele Nachkommen der ersten englischen Siedler leben immer noch in der schönsten Gegend (Battery) südlich der Broad Street. Inmitten reizvoller, blumengeschmückter Gärten stehen luxuriöse, mit Säulen und Giebeln geschmückte Herrenhäuser.

Andere, wie die pastellfarbigen Kaufmannshäuser von **Rainbow Row** (79–107 East Bay St) aus dem 18. Jh., sind schmal und lang gestreckt. Sie wurden aus steuerlichen Gründen so gebaut, da sich die Abgaben nach der Breite der Straßenfront richteten.

St Michael's Church
In der Gegenrichtung führt die Broad Street zur Einmündung der Meeting Street, wo sich die älteste Kirche der Stadt (1751) erhebt. Ihre acht Glocken wurden 1764 aus England hergebracht, während des Unabhängigkeitskriegs als Beute zurückgeholt und später wieder übergeben. Im Bürgerkrieg wurden die Glocken stark beschädigt und mussten in England neu gegossen werden.

Historische Wohnsitze
Lässt man die Broad Street hinter sich, betritt man den Kern des historischen Wohnviertels. Im **Heyward-Washington House** (87 Church St) aus dem Jahr 1772 wohnte Thomas Heyward, einer der Unterzeichner der Unabhängigkeitserklärung. Es beherbergt eine schöne Sammlung von lokalen Mahagonimöbeln.

Etwas weniger grandios sind die Häuser Nr. 89–91 in der **Cabbage Row**, die DuBose Heyward zu der Geschichte von *Porgy und Bess* inspirierte, die als Gershwin-Oper weltbekannt wurde.

Das 1808 im klassizistischen Stil erbaute **Nathaniel Russell House** (51 Meeting St) gehörte einem Kaufmann von Rhode Island. Der dreistöckige Ziegelbau zeichnet sich durch prachtvolle ovale Salons auf jeder Etage, eine frei stehende Wendeltreppe und aufwendige Möblierung aus.

Das **Calhoun Mansion** von 1876 (16 Meeting St) verfügt über 35 Räume mit einer Deckenhöhe von 4,2 m – es ist der größte historische Wohnsitz in Charleston. Sein viktorianisches Interieur quillt über vor Antiquitäten.

Das **Edmondston-Alston House** (21 E Battery St) wurde 1825 im Federal Style errichtet und später im klassizistischen Stil umgebaut.

White Point Gardens
Der Vergnügungspark am Ende der Halbinsel ist mit zum Meer hin ausgerichteten dickbauchigen Kanonen geschmückt. In der Ferne sieht man **Fort Sumter** auf seiner künstlichen Insel. Als die Festung 1861 den Unionssoldaten von den Truppen South Carolinas entrissen wurde, klatschten die reichen Familien, die im Hafen von Charleston versammelt waren, heftig Beifall.

Vom **Fort Sumter Visitor Education Center** am Liberty Square und vom Patriots Point Naval and Maritime Museum auf der anderen Seite des Cooper River starten Bootstouren zur Besichtigung der Ruine des Forts und des angegliederten **Civil War Museum**.

Jenseits des Cooper River
Das **Patriots Point Naval and Maritime Museum** erreicht man mit dem Schiff oder auf dem Highway 17 über die Brücke. Die Hauptattraktion ist der Flugzeugträger *Yorktown* aus dem 2. Weltkrieg, auf dessen Deck Marineflugzeuge zu sehen sind.

Landschaftsgärten und Plantagen
Viele Touristen kommen allein wegen der Gärten und prachtvollen Herrenhäuser früherer Plantagenbesitzer nach Charleston.

Boone Hall
Margaret Mitchells Roman *Vom Winde verweht* spielt zwar in Georgia, aber die weltberühmten »Tara«-Filmszenen wurden in Boone Hall, 13 km nördlich von Charleston, gedreht.

Das Gebäude inmitten einer Baumwollplantage vermittelt einen guten Eindruck von der glanzvollen Zeit vor dem Bürgerkrieg, wenngleich es größtenteils aus den 1930er-Jahren stammt. Die Sklavenunterkünfte der alten Plantage sind unverändert erhalten.

Drayton Hall
Das Backsteinanwesen im georgianisch-palladianischen Stil rund 15 km nordwestlich von Charleston an der Ashley River Road ist ein einzigartiges Relikt aus den 1730er-Jahren. Wie durch ein Wunder ging es unbeschädigt aus dem Bürgerkrieg hervor – angeblich hatten die Besitzer eine Pockenepidemie vorgetäuscht, um das Unionsheer fernzuhalten ... Das Haus steht teils leer und wurde nur stellenweise restauriert, aber der Park ist eine Augenweide.

Magnolia Plantation and Gardens

Die Nachbarplantage von Drayton Hill befindet sich seit ihrer Gründung 1679 ebenfalls im Besitz der Draytons. Das Haus (für Besucher geöffnet) hat durch Zersetzung und Umbau viel von seiner Authentizität eingebüßt, aber die Gärten, die zu den weltweit größten (200 ha) gehören, werden Sie verzaubern. Ein labyrinthisches Geflecht von Wegen und Brücken durchzieht die Kamelien- und Azaleenanpflanzungen. Man kann auch die gut erhaltenen alten Sklavenunterkünfte besichtigen oder auf Holzstegen die reiche Tier- und Pflanzenwelt des **Audubon Swamp Garden** erkunden.

Middleton Place

Die Plantage, von der nur eines der drei ursprünglichen Gebäude die Zeiten überdauert hat, liegt 25 km nordwestlich von Charleston an einem Flussknie des Ashley River. Sie bewahrt Amerikas ältesten Landschaftsgarten, der zwischen 1741 und 1751 von rund hundert Sklaven angelegt wurde. Zahllose blühende Bäume und Büsche zaubern im Frühling ein wogendes Blütenmeer.

Drayton Hall – einzigartiges Relikt aus der Kolonialzeit. | **Im Audubon Swamp Garden lassen sich Alligatoren beobachten, in den Wiesenlandschaften um Charleston auch grazile Silberreiher.**

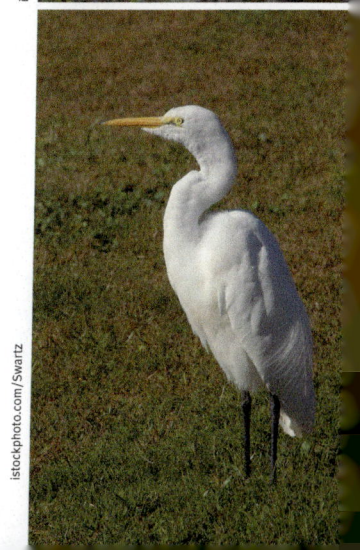

Ein neuer Tag kündigt sich am Savannah River an, wo friedlich die Schiffe dümpeln.

Savannah und Atlanta

Vom liebenswürdigen Savannah an der Küste bis zur dynamischen Metropole Atlanta – wie überall im Süden gehen auch in Georgia Tradition und Moderne Hand in Hand. Der einstige »Baumwollgürtel« hat Investoren angezogen, die auf moderne Industrien setzten und die wirtschaftliche Entwicklung vorantrieben. Die Erinnerung an den Bürgerkrieg wird sorgsam gepflegt: Der Flagge der Konföderierten mit ihren Sternen und gekreuzten Streifen begegnet man auf Schritt und Tritt. Versäumen Sie nicht, von Savannah aus die vorgelagerten Inseln zu besuchen. Sie werden von den unberührten Tierschutzgebieten genauso fasziniert sein wie von den luxuriösen Feriendomizilen.

Savannah

1733 plante General James Oglethorpe mit einer Handvoll englischer Pioniere die Gründung einer Stadt auf einer hohen Klippe oberhalb des Savannah River. Nach dem Vorbild römischer Städte legte er ein Netz von breiten Straßen mit 24 großzügigen, baumbestandenen Plätzen an. Der geschützte Hafen am Fluss brachte bald Händler und neue Siedler in die Stadt. Die Stadt diente den Briten bis 1782 als Marinestützpunkt, und nach der Unabhängigkeit waltete sie einige Jahre (bis 1807) als Hauptstadt von Georgia. Als 1861 der Bürgerkrieg ausbrach, setzte mit der Einnahme von Fort Pulaski durch die Unionstruppen der Niedergang der Wirtschaft ein. 1864 erreichte General Sherman am Ende seines siegreichen Marsches zum Meer mit seinen Truppen Savannah. Auf seinem Weg hatte er fast jede Stadt und jeden Ort dem Erdboden gleichgemacht. Savannah, das sich kampflos ergab, verschonte er jedoch und schenkte die Stadt zusammen mit 25 000 Ballen erbeuteter Baumwolle Präsident Lincoln zu Weihnachten.

Das alte Zentrum von Savannah mit den rasterförmig angelegten Straßen und Plätzen ist immer noch erhalten, die moderne Stadt mit ihren 130 000 Einwohnern hat jedoch längst die historischen Grenzen gesprengt.

Seit den 1990er-Jahren wurde Savannah als Schauplatz eines Buches – *Mitternacht im Garten von Gut und Böse* – und eines Films – *Forrest Gump* – zum Anziehungspunkt für Touristen.

Historic District

Der 5 km² große Historic District steht unter Denkmalschutz und gehört mit seinen zahlreichen alten Häusern und seiner Fülle an Blumen und Bäumen zu den schönsten und größten historischen Stadtzentren der Vereinigten Staaten. Besichtigungen sind

Der berühmte Factors Walk führt an Lagerhäusern aus dem 19. Jh. vorbei.

mit klimatisierten Bussen, Trolleybussen, Pferdekutschen, mit dem Fahrrad oder – am besten – zu Fuß möglich.

River Street
Entlang dem Ufer des Savannah River zieht sich über neun Häuserblocks die River Street, die sich besonders abends mit Leben füllt. In den ehemaligen Baumwoll-Lagerhallen haben sich Läden, Künstlerateliers, Kneipen und Restaurants einquartiert. Auf dem Fluss werden Rundfahrten angeboten. Mehrere gepflasterte Rampen führen zum **Factors Walk** hinauf. Dieser Spazierweg führt an erhöhter Lage dem Ufer entlang; er wird von zahlreichen Eisenbrücken unterbrochen, die die Lagerhäuser anbinden.

An der Broad Street, weiter östlich, lässt sich Groß und Klein gern an den Tischen des ehrwürdigen **Pirates House** (1734) nieder, welches Robert Louis Stevenson als Modell für *Die Schatzinsel* diente. Der Geist von Captain Flint soll noch immer in den niederen Holzräumen des Gasthauses herumspuken …

Bull Street
Die Straße verläuft von der **City Hall** in Richtung Süden mitten durch den Historic District bis zum großen **Forsyth Park**. Sie wird von fünf schönen Plätzen durchbrochen, die mit Azaleen und Gardenien geschmückt sind, und von knorrigen, moosbewachsenen Eichen beschattet werden.

Auf dem Wright Square besticht die **Lutheran Church** (1878) durch ein sehenswertes Glasfenster mit der Darstellung der Auferstehung Christi.

Nicht weit davon, an der Oglethorpe Ave (10E), befindet sich der **Juliette Gordon Low Birthplace**, das Geburtshaus der Gründerin der amerikanischen Pfadfinderinnenbewegung. Es wurde von 1818–1821 im Regency-Stil erbaut und ist reich möbliert.

Eine Statue von Oglethorpe ziert den **Chippewa Square**. Im **Savannah Theatre**, dem zweitältesten des Landes, wird immer noch gespielt. Hier, auf einer Parkbank vor dem Theater, erzählt Forrest Gump in dem 1994 preisgekrönten gleichnamigen Film seine Geschichte.

An der Westseite des Madison Square erhebt sich das **Green-Meldrim House** (1853) im Stil der Neugotik; es gehörte dem Großvater des Schriftstellers Julien Green.

Im Baustil des gegenüberliegenden **Sorrel-Weed House** (1840) paaren sich klassizistische und mediterrane Einflüsse. Im Haus selbst soll es spuken, und Unerschrockene können es im Rahmen der *Ghost Tour* sogar nachts besuchen.

Den Monterey Square säumen prächtige Villen wie das von einem italienischen Palazzo inspirierte **Armstrong House** (keine Besichtigung) und das **Mercer House** (1860), das der Familie des Sängers und Komponisten Johnny Mercer gehörte (siehe Kasten). Das Haus ist mit prachtvollem Mobiliar und allerlei Exzentrischem augestattet.

Die neugotische **Congregation Mikve Israel** (1878) an der Abercorn Street ist eine der ältesten Reformsynagogen des Landes. Obwohl die Kolonie Katholiken und Juden ursprünglich die Aufnahme verweigerte, gewährte

flickr.com/Rjones0856

Ein Roman als Stadtführer. In den 1990er-Jahren strömten nach der Veröffentlichung des Romans *Mitternacht im Garten von Gut und Böse* von John Berendt, der auf einem authentischen Mordfall beruht, plötzlich Unmengen von Besuchern nach Savannah, um **Mercer House** am Monterey Square zu besichtigen (Clint Eastwood verarbeitete den Bestseller in seinem gleichnamigen Film). Hier erschoss Jim Williams, ein Antiquitätenhändler, 1981 den 18-jährigen Danny Hansfort. Williams wurde nach vier Prozessen und acht Jahren Gefängnis wegen Notwehr freigesprochen. Dies und weitere Geschichten zu Todesfällen und Selbstmorden erfährt man auf einer speziellen Besichtigungstour, die auch am schönen **Bonaventure Cemetery** (südlich des Victory Drive) vorbeiführt.

man 1733 40 jüdischen Flüchtlingen Asyl, um dem Arzt der Gruppe zu danken, der die Opfer einer Gelbfieberepidemie gepflegt hatte.

Weitere Häuser und Museen
Der englische Architekt William Jay hat in Savannah viele Spuren hinterlassen. Eine seiner Schöpfungen ist das **Telfair Museum of Art** (121 Barnard St), in dem eine hübsche Möbelsammlung, amerikanische und englische Gemälde sowie Kopien antiker Statuen zu sehen sind.

Das ebenfalls von Jay entworfene **Owens-Thomas House** (1816–19) an der Abercorn Street 124 wird als schönstes Beispiel des Greek Revival bezeichnet. Hier wohnte 1825 Lafayette, der sich in einer Rede für die Abschaffung der Sklaverei stark machte.

Das **Isaiah Davenport House** (1815) in der Nähe (Columbia Square und East State St) ist für sein elegantes Treppenhaus berühmt.

Von dort sind es nur ein paar Schritte zum großen **Colonial Park Cemetery** (1750–1850).

Die moderne Stadt
Um den Martin Luther King Boulevard am westlichen Rand des historischen Zentrums gruppieren sich mehrere Museen.

Im **Ships of the Sea Maritime Museum** kann man eine schöne Sammlung von Schiffsmodellen (teils in Flaschen), Scrimshaw-Arbeiten (geritzte Pottwalzähne) und Seemannsrelikte aus der Kolonialzeit besichtigen.

Neben dem Visitor Center präsentiert das **Savannah History Museum** die Vergangenheit der Stadt in einem kleinen, um eine alte Dampflokomotive angelegten Parcours.

Eisenbahnliebhaber werden auch das gegenüberliegende **Georgia State Railroad Museum** besuchen, wo in den alten Eisenbahnwerkhallen ein Dutzend alte Lokomotiven und Waggons ausgestellt sind.

Fort Pulaski
Eine der ersten Aufgaben des jungen Leutnants Robert E. Lee war es, an der Planung eines Forts mitzuarbeiten, das Savannah von der Seeseite her schützen sollte. Als der Bürgerkrieg begann, war das fünfeckige Bollwerk beinahe vollendet. Die Festung sah uneinnehmbar aus, doch die neuen Artilleriegeschosse der Unionstruppen schlugen schnell eine Bresche in die Mauern, und die Konföderierten mussten sich ergeben. Der Erfolg der neuen Waffen zwang in der Folge Militärstrategen in aller Welt zur Änderung ihrer Verteidigungstaktiken.

Das Fort liegt rund 32 km östlich von Savannah an der Route 80 und wird heute vom National Park Service verwaltet.

Sea Islands

Die ausgedehnten Salzsümpfe der Gegend sind reich an Krabben und kleinen Fischen. Vor der Küste erstreckt sich eine von Sandbänken gesäumte Inselkette. Einige der Inseln sind Millionärsruhesitze, andere Sommerresidenzen weniger betuchter Leute.

Auf **Tybee Island** hinter Fort Pulaski gibt es einen kilometerlangen weißen Sandstrand, einen Leuchtturm (1736) sowie Hotels und Motels.

Beeindruckende nächtliche Skyline von Downtown Atlanta.

Atlanta

Genau wie der Phoenix, das Wappentier von Atlanta, so ist auch die heutige Hauptstadt von Georgia buchstäblich der Asche entstiegen. Im Bürgerkrieg wurde sie 1864 von den Truppen der Union unter General Sherman dem Erdboden gleichgemacht.

Die Dynamik der Wiederaufbaujahre ist seither nie erloschen. Beweis sind etwa die Vorbereitungen für die Olympischen Spiele 1996, im Zuge derer man das Stadtzentrum einem grundlegenden Wandel unterzog.

Atlanta (gut 430 000 Einwohner, Großraum 5,5 Mio.) ist das wirtschaftliche Zentrum des Südostens – die dynamischste Region im ganzen Land. Zahllose internationale Gesellschaften wie das Cable News Network (CNN) und Coca-Cola haben ihren Hauptsitz hier; der internationale Flughafen Hartsfield-Jackson gehört heute zu den meistfrequentierten der Welt, und als Tagungsort ist Atlantas Ruf ungeschlagen. Doch Atlanta bietet nicht nur pulsierendes Großstadtleben.

In Atlanta stand die Wiege der schwarzen Bürgerrechtsbewegung der 1960er-Jahre, die von Martin Luther King Jr. angeführt wurde. Seine Bemühungen lenkten die Aufmerksamkeit nicht nur auf das Rassenproblem, sondern auch auf die Hauptstadt von Georgia selbst.

Downtown

Atlanta hat eine atemberaubende Skyline, besonders schön bei abendlicher Beleuchtung. Die **Bank of America Plaza** ist mit 312 m Höhe der Spitzenreiter; aber es beeindruckt nicht nur die Höhe der Wolkenkratzer sondern vor allem die innovative Architektur. Das Zentrum der Metropole organisiert sich rund um das **Peach-**

In der World of Coca-Cola erfahren Sie alles über das berühmte Erfrischungsgetränk – außer natürlich die geheime Formel.

tree Center, einen eleganten Komplex mit Hotels, Geschäften, Restaurants und Büros. Von der über einen gläsernen Außenaufzug erreichbaren Sonnenterrasse im 72. Stock des **Peachtree Plaza Hotel** hat man einen guten Blick über die Stadt und ihre Umgebung. In der Nähe erhebt sich das mit einer kunstvoll geschmückten Fassade ausgestattete **Candler Building** (1904) – einst der höchste Wolkenkratzer der Stadt.

Centennial Olympic Park
Rund um den Centennial Olympic Park – Mittelpunkt der Olympischen Spiele von 1996 – findet man einige Symbole des modernen Atlanta. Das bedeutendste ist das **CNN Center**, Hauptquartier des berühmten Fernsehsenders. Studiotouren erlauben einen Blick hinter die Kulissen.

Georgia Aquarium
Dieses 2005 eingeweihte Aquarium gilt als das größte der Welt. Es umfasst nicht weniger als 60 Becken, in denen sich rund 120 000 Meerestiere von 500 Arten tummeln. Höhepunkt ist die gigantische Salzwasserwelt des *Ocean Voyager*, wo man u. a. von einem Unterwassertunnel aus seltene Walhaie beobachten kann.

World of Coca-Cola
Im futuristischen, 2007 eröffneten Besucherzentrum am **Pemberton Place** (121 Baker St NW) wird der Siegeszug von Atlantas legendärem Erfrischungsgetränk dokumentiert. Auf durchaus werbewirksame Weise präsentieren Werbeplakate und -filme aus aller Welt die Geschichte und Vermarktung des 1886 von Dr. Pemberton kreierten »idealen Kopfwehmittels«. Am Ende der Besichtigung kann man die Produkte der Coca-Cola Company probieren und jede Menge Souvenirs kaufen.

Underground Atlanta
Vor hundert Jahren wurden im historischen Stadtkern zahllose Straßen als Überführungen über die den Verkehr behindernden Eisenbahnschienen gebaut; und mit der Zeit verschwand das, was sich unter den zu einer neuen

---

Erfolgreich belebte Innenstädte.
Viele amerikanische Städte haben den Versuch unternommen, ihre City neu zu beleben. Gelungene Beispiele hierfür sind das Einkaufszentrum **Quincy Market** in **Boston,** die Boutiquen und Restaurants von **Baltimores Inner Harbor, Underground Atlanta** mit seinen Straßenkünstlern und Vergnügungsstätten sowie das lebhafte Hafenviertel und die Bars von **Savannahs Riverfront Plaza.**

Ebene nivellierten Brücken befand, aus dem Bewusstsein der Einwohner. Ende der 1960er-Jahre wurden die alten gepflasterten Straßen wieder entdeckt, und mittlerweile hat sich diese Gegend über- und unterirdisch zu einem lebhaften Vergnügungs- und Einkaufszentrum gemausert.

Georgia State Capitol
Das Gebäude von 1889 ist dem Kapitol in Washington nachempfunden und imponiert durch eine riesige, mit Blattgold aus Nord-Georgia überzogene Kuppel. Unter der Woche ist es außerhalb der Sitzungszeiten öffentlich zugänglich. Neben der **Hall of Fame** und der **Hall of Flags** befindet sich im Innern auch das **Georgia Capitol Museum** mit natur- und kulturgeschichtlichen Sammlungen von Georgia.

Midtown
Auch in Midtown, der nördlichen Erweiterung von Downtown, ragen zahlreiche Wolkenkratzer in den Himmel. Viele Bars und Restaurants laden hier zum Feiern ein, nicht umsonst nennt man das Viertel auch »Beer-muda Triangle« ... Im Osten erstreckt sich der große **Piedmont Park**, Veranstaltungsort zahlreicher sportlicher und kultureller Anlässe.

Der **Botanical Garden** im Norden ist eine Oase voller tropischer Pflanzen und Wüstengewächse.

Margaret Mitchell House
In dem alten Haus (1898) an der Peachtree Street schrieb Margaret Mitchell 1936 das Südstaaten-Epos *Vom Winde verweht*. Es beherbergt heute ein kleines Museum zu Ehren der Autorin.

Woodruff Arts Center
Hier sind das **Atlanta Symphony Orchestra**, das **Alliance Theatre** und das **High Museum of Art** zu Hause. Letzteres präsentiert erstklassige Sammlungen europäischer und amerikanischer Malerei, dekorative Kunst, Fotografie sowie afrikanische Kunst.

Sweet Auburn Historic District
Der Stadtteil östlich der Innenstadt war während Jahrzehnten ein blühendes Zentrum schwarzer Kaufleute und Unternehmer und in den 1950er- und 60er-Jahren eine Drehscheibe der Bürgerrechtsbewegung. In den Straßen östlich des 1923 gegründeten **Sweet Auburn Curb Market** wuchs Martin Luther King Jr. auf. Die Erinnerung an den Baptistenpastor, Bürgerrechtler und Friedensnobelpreisträger, der 1968 in Memphis ermordet wurde, wird von der **Martin Luther King Jr. National Historic Site** verwaltet.

Visitor Center
Im Besucherzentrum finden Sie eine umfassende, mit Filmausschnitten und Fotografien ange-

reicherte Ausstellung zur Geschichte der Bürgerrechtsbewegung vor. Das King Center auf der anderen Straßenseite (449 Auburn) präsentiert neben persönlichen Erinnerungsstücken weitere Informationen zum Leben und Wirken Kings. Sein Grab inmitten eines Wasserbeckens vor dem Gebäude trägt die Inschrift *Free At Last* (»Endlich frei«).

Martin Luther King House

In diesem Haus wurde Martin Luther King Jr. am 15. Januar 1929 geboren, und hier verlebte der Sohn eines Bapitstenpredigers seine ersten zwölf Lebensjahre. (Auch wenn die geführte Besichtigung kostenlos ist, müssen Sie sich dafür im King Center ein Ticket besorgen.)

Die Kirchen

Besuchen Sie die Ebenezer Baptist Church (407–413 Auburn), in der King Jr. Gewaltlosigkeit predigte, wie bereits zuvor sein Vater. Hier fand seine Begräbnisfeier statt, und hier wurde 1974 seine Mutter ermordet. Heute finden sich die Gläubigen für die von Gospelgesängen durchsetzten Predigten in der gegenüberliegenden neuen Kirche ein.

Weitere Stadtviertel

Weitere Attraktionen verteilen sich rund um die Innenstadt. Man erreicht sie mit Bus oder Taxi.

Grant Park

Der große Grant Park südöstlich der Innenstadt birgt zwei Attraktionen: Zum einen den Zoo Atlanta, der zu den größten des Landes gehört, und in dem sich die meisten Tiere in artgerechten Gehegen frei bewegen können, zum andern das Atlanta Cyclorama, ein monumentales Rundgemälde mit einem Umfang von 109 m. Es zeigt Szenen aus der Schlacht von Atlanta im Jahr 1864.

Carter Presidential Center

Auf einem Hügel etwas weiter nördlich wurde zu Ehren des ehemaligen Präsidenten Jimmy Carter dieses Zentrum eingerichtet. Ausgestellt sind persönliche Erinnerungsstücke und Dokumente aus Carters Amtszeit sowie eine Rekonstruktion des *Oval Office* aus dem Weißen Haus.

Fernbank

Auf dem 61 ha umfassenden bewaldeten Gelände im Osten Atlantas gibt es ein naturhistorisches Museum, ein Observatorium, ein Planetarium und kilometerlange Naturlehrpfade.

Zu den Hauptattraktionen des Museum of Natural History gehören der *Walk Through Time in Georgia*, der die Entwicklungsetappen des Lebens auf der Erde vor Augen führt, sowie *Sensing Nature*, eine interaktive Ausstellung zu den fünf Sinnen.

Jefferson Davis, Robert E. Lee und Stonewall Jackson blicken unverwandt aus dem grauen Granit.

Atlanta History Center
Das Museum an der West Paces Ferry Road, 5 km nördlich des Zentrums, präsentiert eine interessante Ausstellung über den Bürgerkrieg und eine weitere zur Volkskunst des Südens der USA.

Inmitten gepflegter Gartenanlagen liegen das **Swan Coach House** im Stil Palladios und die **Tullie Smith Farm** von 1840.

State Farmers Market
Dieser Markt, einer der weltweit größten seiner Art, breitet sich unweit der Interstate 75 aus (Ausfahrt Thames Road). Saftige Früchte und eine freundliche Atmosphäre erinnern an die ländlichen Anfänge der Region. Hier fühlen Sie sich meilenweit von der Metropole und ihrem Wald von Wolkenkratzern entfernt.

Road to Tara Museum
In **Jonesboro**, rund 25 km südlich von Atlanta, schwelgt man in Erinnerungen an den Roman *Vom Winde verweht*. Das Road to Tara Museum bildet die Kulisse für den Auftritt Rhett Butlers in Frack und Zylinder. Morgens und abends gibt es Sondervorführungen des berühmten Films.

Stone Mountain Park
Der größte Granitblock der Welt ist 26 km östlich von Atlanta zu finden. In diesen Felsen sind die 30 m hohen Umrisse der Konföderierten-Helden Jefferson Davis, Robert E. Lee und »Stonewall« Jackson eingemeißelt. Das Werk wurde 1923 von Gutzon Borglum begonnen; nach einem Streit mit den Besitzern des Geländes verließ er seinen Arbeitsplatz und meißelte stattdessen die Köpfe der Präsidenten in den Mount Rushmore in South Dakota. 1972 wurde das Werk von neu beauftragten Steinmetzen endlich vollendet. Ein beliebter Wanderpfad führt zum Gipfel des Berges, aber auch die weniger sportlichen Be-

sucher, die mit der Seilbahn hinauffahren, werden mit einem wunderschönen Blick auf das Steinrelief belohnt. Des Weiteren können Sie im Park eine rekonstruierte Plantage aus der Zeit vor dem Bürgerkrieg besuchen und mit einer Dampfeisenbahn fahren. Zelten, Bootfahren und Golfspielen ist ebenfalls möglich.

Six Flags Over Georgia
Ein 134 ha großer Vergnügungspark westlich der Stadt stürzt den Besucher in einen Taumel der Begeisterung und des Schreckens. Machen Sie eine Fahrt in den Achterbahnen mit Dreifach- und Fünffach-Looping, oder lassen Sie sich aus der Höhe eines 10-stöckigen Hauses in die Tiefe fallen.

Georgia vor dem Bürgerkrieg
In der näheren Umgebung von Atlanta gibt es viele Städtchen und Dörfer, die nicht der harten Hand von General Sherman zum Opfer gefallen sind. Heute beschwören sie die liebenswerte und unbeschwerte Zeit vor dem Bürgerkrieg herauf. Suchen Sie aber nicht nach »Tara«: Die Plantage, auf der Scarlett O'Hara, die Heldin aus *Vom Winde verweht*, lebte, hat es nie gegeben.

Athens
Der Ort beherbergt die **University of Georgia**, die älteste staatliche Universität der USA. Restaurierte Häuser aus der Zeit der Jahrhundertwende und Gebäude aus dem 19. Jh. lassen einen Blick in die Vergangenheit zu. Das **Georgia Museum of Art** verfügt über eine große Sammlung von Kunstwerken aus dem 19. und 20. Jh.

Augusta
Zu Beginn des 17. Jh. trafen sich Indianer und Weiße am Ufer des Savannah River, um Felle und Tabak zu tauschen. Das von einem wehrhaften Fort geschützte Augusta entwickelte sich zum wichtigsten Binnenhandelsposten der Kolonien und zur Baumwollhauptstadt des 19. Jh. Sein damaliger Reichtum zeigt sich in den weißen Herrenhäusern im Stadtteil **The Hill**.

Madison
Die Stadt wurde von Sherman wegen ihrer Schönheit verschont. Die prächtigen Häuser sehen wie Museumsgebäude aus; doch sie sind alle nach wie vor bewohnt, und man kann sie nur von außen bewundern.

Macon
Das **Ocmulgee National Monument** zeigt indianische Grabhügel, im dazugehörigen Museum sind 10 000 Jahre indianischer Geschichte dokumentiert. Im historischen Wohnviertel stehen noch viele Gebäude aus der Zeit vor dem Bürgerkrieg.

KULTURNOTIZEN

Kunst und Kapital
Nachdem die berühmten amerikanischen Bankiers und Industriellen riesige Vermögen angehäuft hatten, entdeckten einige von ihnen ihre kulturellen Neigungen: Sie gründeten Büchereien, Museen und Galerien und füllten sie mit Kunstwerken. Dies geschah jedoch nicht aus rein philanthropischen Gründen – viele der Großkapitalisten wollten einerseits ihr Image verbessern, doch spielten andererseits auch beachtliche Steuererlasse eine Rolle. Manche zahlten Unsummen für Fälschungen oder Werke zweifelhafter Herkunft, andere erwarben in Europa echte Kunstschätze, nicht selten von verarmten Aristokraten.

So erstand z. B. Andrew W. Mellon Gemälde von Botticelli, van Eyck, Raffael und Tizian in der damaligen Sowjetunion, die sich mit dem Verkauf dieser Meisterwerke aus der Eremitage Devisen beschaffte. Mellon umging beträchtliche Steuerrückzahlungen, indem er diese Bilder neben vielen anderen dem Staat vermachte und damit den Grundstock für die Sammlung der National Gallery of Art in Washington legte. Doch damit nicht genug – er kam auch für den Bau des Museums auf. Die Multimillionäre von heute setzen diese Tradition fort: Arthur Sackler hat die nach ihm benannte Gallery of Asian and Near Eastern Art in Washington finanziert und mit Kunstwerken bestückt.

Heutzutage ist es üblich, dass der Name des Spenders dem des Museums beigefügt wird; außerdem ist die Präsentation der Werke oft mit strengen Auflagen verknüpft. So hatte Albert C. Barnes aus Philadelphia in seinem Testament allen, die mit Kunst zu tun haben – Studenten, Kritikern, Denkmalpflegern – den Zutritt zu seiner Sammlung verwehrt. Dies als Rache dafür, dass man bei der Eröffnung seines Museums 1922 in Künstlerkreisen seinen »verrückten« Geschmack ankreidete ...

Musik
Die Musik des 20. Jh. war weltweit größtenteils von Amerika geprägt. Eine Stilrichtung folgte der anderen, entwickelte sich weiter und brachte immer neue Variationen hervor. Nach Ragtime und Blues kam der Jazz in seinen mannigfaltigen Erscheinungsformen, und dieser wiederum wirkte sich auf die gesamte Musikszene aus: vom

Schlager bis zur Avantgarde. Der amerikanische Sound war unverkennbar, wenngleich die Wurzeln des Jazz in den afrikanischen Rhythmen zu suchen sind und manche der erfolgreichsten Komponisten Amerikas wie George Gershwin oder Irving Berlin aus Osteuropa stammten. Musicals von Cole Porter, Gershwin, Rodgers und Hart (später auch Hammerstein) blieben lange eine ausschließlich amerikanische Domäne.

Mit der steigenden Nachfrage nach Filmmusik begann ein neues Kapitel der Musikgeschichte. Viele Komponisten, die auf diesem Gebiet arbeiteten, waren Flüchtlinge aus Europa, doch der »Big-Country«-Sound, den sie schufen, klang unverwechselbar amerikanisch (man denke nur an *Vom Winde verweht*). Das gleiche gilt für die Ballettmusik von Aaron Copland, der einer jüdischen Familie aus Russland entstammte. Heute hat die amerikanische Unterhaltungsmusik den ganzen Erdball erobert. Country and Western, Rhythm 'n' Blues, Rock 'n' Roll, Heavy Metal, Soul und Rap sind überall zu Hause. Doch die Originale kommen alle aus Amerika. Die klassische Musikszene Amerikas kann sich ebenfalls sehen lassen. Boston, Philadelphia, New York und Washington haben erstklassige Symphonieorchester. In der »Met« von New York treten die besten Opernstars der Welt auf, und die Ballettaufführungen sind hochrangig. Die übrigen größeren Städte werden regelmäßig von Tourneetheatern besucht.

Fernsehen

Die vier großen nationalen Fernsehgesellschaften (ABC, CBS, Fox und NBC) und ihre Lokalsender bieten leicht verdauliche Kost in Form von witzigen Unterhaltungsserien, Quiz- und Sportsendungen sowie Kurznachrichten. Der Rest besteht aus einer nervtötenden Überdosis an Werbung. Wer über einen Kabelanschluss verfügt, dem stehen 30, 60, manchmal bis zu 100 Kanäle zur Verfügung. Beim PBS (Public Broadcasting Service) gibt es ab und zu Sendungen mit etwas mehr Niveau; mit Unterstützung von Zuschauern und Sponsoren werden Nachrichten mit Hintergrundanalysen und aus Europa importierte Programme wie z.B. englische Theaterstücke gesendet.

In den USA kann man sich insbesondere in den »Factory Outlets« (Fabrikverkäufen) günstig mit Markenartikeln eindecken.

EINKAUFEN

Die Vereinigten Staaten sind ein Einkaufsparadies. Auch wer ungern in Geschäfte geht, muss zugeben, dass man ihm hier das Leben viel einfacher macht. Nirgendwo wird die Devise »Der Kunde ist König« getreuer befolgt als in diesem Land.

Die amerikanische Konsumgesellschaft legt alles darauf an, den Käufer zufriedenzustellen. Bedenken Sie, dass je nach Staat bzw. Stadt auf den Preis eine Umsatzsteuer von bis zu 10,5 % aufgeschlagen wird. In vielen Staaten unterliegen Nahrungsmittel und Medikamente keiner Steuer.

Wo gibt es was?

Heutzutage kauft man in den *malls* ein, großen Einkaufszentren mit Dutzenden, ja manchmal sogar Hunderten von verschiedenen Läden. Kaufhäuser, Designer-Boutiquen und kleine Spezialgeschäfte sowie Restaurants sind alle unter einem Dach vereint – und ohne Ausnahme klimatisiert. Diese Zentren sind meist außerhalb der Städte angesiedelt, über die großen Fernstraßen jedoch gut erreichbar und mit riesigen Parkplätzen ausgestattet.

Fragen Sie in den Verkehrsbüros auch nach Bauern- oder anderen traditionellen Märkten. Der Italian Market von Philadelphia ist einer der letzten, auf dem noch alte hölzerne Verkaufsstände und Karren in Gebrauch sind.

Qualitativ wertvolle Geschenke und Souvenirs, Reproduktionen und schöne Postkarten findet man in den gut sortierten Läden der Museen und Kunstgalerien. Einige führen auch eine große Auswahl an Büchern, die nicht nur auf das Spezialgebiet des Museums beschränkt ist.

Kleidung

In Amerika findet man Designerware jeglicher Herkunft. Neueste Kreationen werden im Handumdrehen als Konfektionsware verkauft und sind – oft vor Ende der Saison – schon als Sonderangebote erhältlich. Auf dem Gebiet der eleganten Freizeit- und Sportbekleidung sind die Amerikaner führend. Auch Schuhe sind von guter Qualität und meist günstig.

Die Preise schwanken von Laden zu Laden beträchtlich: Ein

Badeanzug kann in einer Hotelboutique am Meer viermal so teuer sein wie in einem nur wenige Schritte entfernten Kaufhaus.

Noch besser ist das Preis-Leistungsverhältnis in den sogenannten *factory outlets* (Fabrikverkauf), die meist außerhalb der Städte am Rand der Autobahnen gruppenweise auftauchen. Hier sind veraltete Designermode oder Ware mit geringen Mängeln zu unschlagbaren Preisen erhältlich.

Schmuck

In den Juweliergeschäften New Yorks könnte man leicht ein Vermögen ausgeben. Midtown Manhattan ist weltweit das größte Einkaufsviertel für Diamanten und erlesene Juwelen. Der Block West 47th St zwischen Fifth Avenue und der Avenue of the Americas wird als *Diamond District* bezeichnet. Rund 3000 Juweliere haben hier innerhalb der als »Börsen« bekannten Handelsplätze ihre Stände. Feilschen ist willkommen und wird erwartet.

Neben erlesensten Juwelen gibt es auch ein riesiges Angebot an preiswertem Zierrat. Schauen Sie sich doch einmal nach ungewöhnlichen, heimischen Schmucksteinen um, die vielleicht nicht so wertvoll, aber dennoch reizvoll sind. Aparten und oft preisgünstigen Modeschmuck erwirbt man am besten in den Boutiquen der großen Einkaufszentren.

Technische Geräte

Der Drang der Amerikaner, sich jeden Handgriff in Garage, Küche und Badezimmer zu erleichtern, hat eine Vielzahl an Geräten hervorgebracht, die es sonst nirgendwo auf der Welt gibt. In Schreib- und Bürowarenläden finden Sie solche praktischen und billigen Haushaltshelfer.

Elektronik

Beim Kauf der neuesten Computer oder Hi-Fi-Anlagen sollten Sie nicht nur auf den Preis und das Baujahr, sondern auch darauf achten, dass Ihre Neuerwerbungen mit den Geräten zu Hause kompatibel sind. Am besten kauft man bei einem anerkannten Großhändler, der eine weltweit gültige Garantie gibt.

Bücher, CDs und DVDs

In den Buchhandlungen mit ihrer riesigen Auswahl und den vielen Sonderangeboten zu stöbern, gehört zu den besonderen Einkaufsfreuden, die Amerika zu bieten hat. Einige zentral gelegene Läden haben bis in die Nacht geöffnet und bieten sogar Kaffee und Imbisse an.

Musik von der Klassik bis zur Moderne gibt es günstig auf CDs zu kaufen, die auch auf europäischen Geräten abspielbar sind. Bei Videokassetten und DVDs müssen Sie darauf achten, ob sie für den Export bestimmt sind;

amerikanische Videos und DVDs funktionieren bei uns nicht. Auch amerikanische Blu-ray Discs (Zone A/1) werden von europäischen Abspielgeräten (Zone B/2) nicht gelesen.

Souvenirs, Kunsthandwerk und Antiquitäten

Ahornsirup aus Maine, Baseballmützen der Boston Red Sox oder T-Shirts der Universität Harvard, Freiheitsstatuen aus New York, Patchwork-Decken (*quilts*) aus dem Pennsylvania Dutch Country, Korbwaren aus Charleston, ein Coca-Cola-Metallschild aus Atlanta – das Angebot an Mitbringseln ist vielfältig.

Manches, was als Kunsthandwerk bezeichnet wird, ist billige Importware; es gibt jedoch Ausnahmen. Zu empfehlen sind die Antiquitätenläden in historischen Städten wie Boston oder Charleston, doch wundern Sie sich nicht über die horrenden Preise.

In den Wochenendausgaben der Zeitungen und auf Schildern am Straßenrand werden Flohmärkte angekündigt. Meist macht man keine großen Entdeckungen, aber es macht immer Spaß, in altem Trödel zu stöbern.

Alles, was das Touristenherz begehrt: US-Nummernschilder; legendäre Yellow Cabs als Spielzeugautos; kandierte Leckereien aus Colonial Williamsburg.

Probieren Sie die für ihr süßes, saftiges Fleisch berühmten Dungeness-Krabben!

ESSEN UND TRINKEN

Die Essgelegenheiten sind zahlreich und vielfältig: Steakhäuser, Schnellimbisse und Restaurants zuhauf, darunter Spezialitätenlokale aus aller Welt. Ein derartiger Wettbewerb ist die beste Garantie dafür, dass das Essen sein Geld wert ist und der Service stimmt. Die Portionen sind groß, und viele Gäste lassen sich die Reste ihrer Mahlzeit in eine *doggy bag* einpacken. Mancherorts werden Büfetts angeboten. Die »neue amerikanische Küche« ist inspiriert von mediterranen bis zu asiatischen Spezialitäten.

Frühstück

In Amerika ist alles im Überfluss vorhanden – das macht sich bereits beim Frühstück bemerkbar. Neben dem obligaten Kaffee eröffnen Saft und eine Auswahl an Müslisorten und frischem Obst den Reigen, gefolgt von Eiern in diversen Zubereitungsarten, Waffeln oder Pfannkuchen mit geschmolzener Butter und Ahornsirup. Zu den Eiern können Sie Speck oder Schinken, kleine, scharfe Würstchen und knusprige Bratkartoffeln *(hash browns)* genießen. Gebutterten Toast gibt es aus Weiß-, Vollkorn- oder Roggenmehl. Bestellen Sie *dry* (trockenen) Toast, wenn Sie ihn ohne Butter möchten. Amerikaner, die keine Zeit für ein ausgiebiges Frühstück haben, nehmen ein *danish* (süßes Gebäck) und Kaffee.

Salate

Viele Restaurants haben eine mehr oder weniger üppige Salatbar mit Rohkost, frischem Obst, Meeresfrüchten, kaltem Braten und Käse. Salate, die auf der Karte stehen, sind meist riesig und stellen eine vollwertige Mahlzeit dar. Vor dem Hauptgericht wird oft ein kleiner Salat gereicht.

Fisch und Meeresfrüchte

Probieren Sie im nördlichen Teil der Ostküste Seezunge und Steinbarsch. Die südlichen Gewässer wimmeln von Barschen *(grouper, red snapper, yellowtail)*, die am besten gegrillt schmecken, mit Zitrone und zerlassener Butter. *Catfish*, eine Wels-Art aus den Bächen und Flüssen des Südens, wird heute auch gezüchtet. Maine ist berühmt für seinen Hummer,

Austern gibt es überall an der Ostküste; zudem findet man Krebse, Muscheln, Krabben und Langusten. Große Steinkrabben *(stone crabs)*, eine Saisonspezialität, sind etwas schwierig zu essen, aber die Mühe lohnt sich.

Fleisch

Wer gerne Fleisch isst, kommt in Amerika voll auf seine Kosten. Die Steaks sind riesig und gebratene Rippenstücke eine Offenbarung. Besuchen Sie eine der auf Steaks spezialisierten Ketten wie Outback oder die erstklassigen Ruth's Chris Steak Houses. Im Süden hat das Wort *barbecue* einen ganz besonderen Klang; hier werden ganze Rinder- und Schweinehälften langsam über dem Feuer gegart. *Spare Ribs* (Schweinsrippchen) schmecken hervorragend, und man darf sie mit den Fingern essen.

Regionale Spezialitäten

Die *lobster* (Hummer) aus Maine sind weltweit begehrt, und Boston ist berühmt für seine *baked beans* (gebackene Bohnen) und seine *clam chowder* (Muschelsuppe). In New York gibt es alles, was das Herz begehrt, und die Delikatessen sind unvergleichlich: Probieren Sie etwa *pastrami* (scharf gewürztes, in Scheiben geschnittenes Rindfleisch) auf Roggenbrot oder *bagels* (Brötchenkringel) mit Frischkäse *(creamcheese)* und Lachs. Philadelphia gab einem Käse-Steak den Namen. Die Meeresfrüchte der Chesapeake Bay sind legendär – wenngleich heute die Fanggründe meist weiter entfernt liegen. Die Südstaatler haben eine Vorliebe für knusprig gebratene Hühnchen, und Grützen aus grobem Maismehl sind genauso typisch für den Süden wie Scarlett O'Hara selbst. Probieren Sie erstere mit Käse, die einheimische Version – nur mit Butter – ist gewöhnungsbedürftig. Kosten Sie auch die feine Krabbensuppe von Charleston.

Snacks und Fast Food

An neuen Ideen mangelt es nie, doch auch das Altbewährte hat seine Liebhaber. Der *Burger* mit Pommes Frites ist nach wie vor die Nummer Eins. Der bescheidene Hotdog mit fleischiger Chilisauce *(chili dog)*, Sauerkraut *(kraut dog)* oder einfach mit Senf kann mit gebratenen Zwiebelringen köstlich schmecken.

Nationale Spezialitäten

Früher konnte man italienisch, mexikanisch und chinesisch essen, wobei vieles dem amerikanischen Geschmack angepasst war. Heutzutage kommen die Gerichte aus aller Welt ihrem Original viel näher. Es gibt kaum eine Stadt ohne Thai-Restaurant, hinzu kommen vietnamesische, japanische, indische und andere Lokale. In den Großstädten wetteifern afghanische, russische, griechische und ungarische Bars um ihre Kunden, ganz abgesehen von englischen und irischen Pubs. In den mexikanischen Restaurants werden *tacos* (Pfannkuchen mit verschiedensten Füllungen) serviert. Koschere jüdische Restaurants findet man entlang der ganzen Ostküste.

Nachspeisen
Die Amerikaner lieben es süß. Als Nachspeise wird gern *pecan pie* (süßer Nusskuchen) oder *key lime pie* (Limonenkuchen) serviert. New York ist bekannt für seinen gehaltvollen Quarkkuchen. Beim Eis bleiben keine Wünsche offen; es gibt Geschmacksrichtungen, von denen Sie keine Ahnung hatten, und kalorienhaltige Verzierungen. *Frozen Yogurt*, gefrorener Joghurt ist eine leckere, weniger nahrhafte Alternative.

Hotdog gefällig? Oder doch lieber ein *hot knish* (gefüllte Teigtasche)?

Getränke
Frisch gepresste Säfte aus Orangen oder aus diversen exotischen Früchten sind das reinste Vergnügen. Eistee ist neben den allseits bekannten Erfrischungsgetränken sehr beliebt.

Alkohol darf erst ab 21 Jahren gekauft bzw. in der Öffentlichkeit getrunken werden. In einigen Bezirken des Landes gibt es überhaupt keinen Alkohol zu kaufen.

Das Angebot an Wein ist breit gefächert: Importe aus aller Welt konkurrieren mit dem Rebensaft aus heimischer Produktion.

Die Auswahl an amerikanischen Bieren nimmt ständig zu, wobei vorab örtliche Spezialitäten und Kleinbrauereien geschätzt werden. »Light« bedeutet kalorien-, nicht alkoholreduziert. Importbiere werden genauso wie einheimische Sorten eiskalt serviert.

Spirituosen reicht man mit großen Mengen Eis, egal ob *on the rocks* oder als Mixgetränk.

SPORT

Überall an der Ostküste gibt es Ferienorte mit einem großen Angebot an Sportarten. Im Sommer fahren die Amerikaner zum Segeln und Angeln in den Norden. Joggern und Walkern kann man sich immer anschließen, mit Rollerblades ist man *up to date*. Auch Radfahren und Mountainbiking ist stark im Kommen.

Wassersport
Dank der zahlreichen Inseln, die der Ostküste vorgelagert sind, hat man meist die Wahl zwischen dem offenen Meer und geschützten Plätzen. Die ruhigeren Gewässer eignen sich für die Anfänger im Wasserskifahren und Surfen; Surfbretter gibt es zu mieten. Da die Strände lang sind, kann man großen Menschenmassen leicht ausweichen. Tauchklubs entlang der ganzen Atlantikküste verleihen Ausrüstungen und veranstalten geführte Tauchgänge zu den schönsten Plätzen der Umgebung. Wer die Welt unter Wasser allein erkunden möchte, braucht eine Taucherlizenz.

Jeder Amerikaner träumt vom eigenen Boot; noch besser ist es, am Meer zu wohnen, um vor der Haustüre an Bord gehen zu können. In sämtlichen Buchten wogt ein Wald von Schiffsmasten, und Sie können Wasserfahrzeuge aller Art mieten.

Angeln
Fischen ist in Amerika ein Volkssport. Angelruten werden ausgeliehen, und man kann sich auch günstig eine ganze Ausrüstung kaufen. Die Läden an den Angelpiers und in den Häfen informieren Sie darüber, ob ein Ausweis erforderlich ist. Wenn Sie auf hoher See Speerfische, Haie oder Thunfische fangen möchten, erkundigen Sie sich bei den Schiffsvermietern in den Jachthäfen.

Golf
Nirgends auf der Welt gibt es so viele Golfplätze wie in Amerika. Die Anlagen sind mustergültig und stets in hervorragendem Zustand. Gäste sind meist willkommen, die Gebühren erschwinglich; an manchen Orten muss die Ausrüstung gemietet werden.

Tennis
Besonders in den bekannten Ferienorten haben die meisten Hotels

Tennisplätze und bieten Trainerstunden inklusive Ausrüstung an. (Oft ist es billiger, die Ausrüstung zu kaufen, als sie zu mieten.) Meiden Sie die Mittagssonne, spielen Sie morgens oder abends.

Skifahren

Immer mehr Europäer entdecken, wie schön das Skifahren in Amerika ist. Die Rocky Mountains sind natürlich unübertroffen, aber auch in Vermont und im Staat New York gibt es gute Einrichtungen und attraktive Abfahrten. Günstig sind vor allem Pauschalarrangements, die Flug, Unterkunft und Skipässe umfassen.

Zuschauersport

Baseball, Football, Basketball und Eishockey gehören zu den beliebtesten Sportarten in Amerika. Sie reißen die Zuschauer zu Begeisterungsstürmen hin, und Fans tragen stolz die Farben ihrer Idole. Jede Stadt, die etwas auf sich hält, hat ihre Oberliga-Mannschaft. Neben dem Image stehen riesige Geldsummen auf dem Spiel. Teams werden ge- und verkauft, und eine Stadt macht der anderen ihre Stars abspenstig.

Die USA – Land der unbegrenzten Möglichkeiten, auch für Sportler (oder Zuschauer): bei einem Spiel der New York Yankees; beim Surfen vor Cape Cod oder beim Wandern an der Küste von Maine.

flickr.com/Americanistadechiapas

istockphoto.com/Simpson

istockphoto.com/Tang

Sechs Fahrspuren, ein Fuß- und ein Radweg führen über New Yorks Brooklyn Bridge.

WICHTIGES IN KÜRZE

Im Folgenden ein paar Dinge, die Sie vor und während Ihrer Reise beachten sollten.

Autofahren

Der Zustand der Straßen ist gut, von den (mit I bezeichneten) *Interstate freeways*, die durch das ganze Land führen, bis zu den Bundes- und Staatsstraßen verschiedener Kategorien. Gebühren werden nur auf einigen privaten *turnpikes* erhoben. Die Nummerierung in den Städten hilft bei der Orientierung: Straßen mit ungeraden Nummern führen von Nord nach Süd, solche mit geraden von Ost nach West. Für Europäer ungewohnt ist, dass es keine schnelle oder langsame Fahrspur gibt, außer auf einigen Abschnitten des Interstate-Netzes, wo langsamere Fahrzeuge durch Tafeln auf die rechte Seite verwiesen werden. Überholen ist also rechts und links möglich.

Die Geschwindigkeitsbegrenzungen sind deutlich angezeigt, und zwar in Meilen. Die auf Autobahnen *(freeways)* außerhalb geschlossener Ortschaften erlaubte Höchstgeschwindigkeit schwankt innerhalb der Oststaaten zwischen 55 und 65 mph (88–104 km/h). In Wohngebieten sind 30 bis 45 mph (48–72 km/h) erlaubt. Die Verkehrsüberwachung ist sehr unterschiedlich, manche Städte oder Staaten kontrollieren äußerst streng. Sicherheitsgurte sind obligatorisch, Alkohol am Steuer ist streng verboten: Bei »DWI« *(driving while intoxicated)* droht eine Gefängnisstrafe.

Beim Parken muss das Auto immer in Fahrtrichtung abgestellt werden.

Benzin *(gasoline* oder *gas)* und Diesel sind überall erhältlich und billig – sie kosten nur etwa die Hälfte des europäischen Preises (was die großen Entfernungen und der höhere Benzinverbrauch der amerikanischen Autos leicht wieder wettmachen). Die meisten Mietwagen brauchen bleifreies Normalbenzin. Manchmal muss man *vor* dem Tanken bezahlen, vor allem nachts und in Städten. Viele Zapfsäulen funktionieren mit Kreditkarte.

Einige gängige Verkehrszeichen und Ausdrücke:

Yield	Vorfahrt beachten
Traffic circle	Kreisverkehr
Pass	Überholen
Detour	Umleitung
Sidewalk	Gehsteig

Autoverleih

Außerhalb der Großstädte ist ein Leihwagen meist die bequemste und günstigste Art, voranzukommen. Verglichen mit Europa sind die Gebühren recht niedrig; Preisvergleiche lohnen sich aber immer, und manchmal ist es wesentlich billiger, das Auto bereits vor der Einreise reservieren zu lassen. Wenn Sie das Auto an einem anderen Ort zurückgeben oder für einen Zweitfahrer fallen oft Preiszuschläge an. Auch zusätzliche Steuern sind zu berücksichtigen. Die zurückgelegten Kilometer werden normalerweise nicht verrechnet. Versichern Sie sich, dass die Miete eine Vollkaskoversicherung (CDW/LDW: *collision/ loss damage waiver*) einschließt. Eine erhöhte Haftpflichtversicherung bietet die LIS/SLI.

Viele Wagen sind mit dem sehr hilfreichen GPS-Navigationssystem ausgestattet.

Um in den USA ein Auto zu mieten, braucht man einen gültigen Führerschein und muss mindestens 25 Jahre alt sein (bei einigen Firmen 21). Manchmal gibt es eine Höchstaltersgrenze von 70 Jahren. Meist zahlt man im Voraus mit der Kreditkarte; nach Rückgabe des Wagens wird der Betrag wenn nötig berichtigt.

Manche Gesellschaften bieten außerdem zur Erhöhung von Sicherheit und Komfort Mobiltelefone zu günstigen Preisen an.

Botschaften und Konsulate

Fast jedes Land unterhält eine Botschaft in Washington, D.C., einige haben dazu auch Konsulate in großen Städten wie New York und Boston. Auf den Gelben Seiten im Telefonbuch finden Sie die Nummer der nächstgelegenen diplomatischen Vertretung Ihres Landes.

Einreise und Zoll

Für Bürger aus am Visa Waiver Program (VWP) teilnehmenden Staaten ist in der Regel für einen Aufenthalt in den USA von max. 90 Tagen als Touristen oder Geschäftsreisende kein Visum nötig, wenn der Reisepass den Anforderungen des VWP genügt:

Deutsche Staatsangehörige (auch Kinder) benötigen einen gültigen, maschinenlesbaren Reisepass. Reisepässe, die nach dem 25.10.2006 ausgestellt wurden, müssen über biometrische Daten in Chipform verfügen. Information: *www.us-botschaft.de*

Österreichische Staatsangehörige können mit einem roten maschinenlesbaren, *vor* dem 26.10. 2005 ausgestellten Reisepass ohne Visum einreisen. Für rote Pässe, die zwischen dem 26.10.05 und dem 15.6.06 ausgestellt wurden, gilt Visumspflicht. Inhaber von ab dem 16.6.2006 ausgestellten Reisepässen (mit Chip und digitalisiertem Foto) dürfen visumfrei in die USA einreisen. Weitere

Informationen gibt es unter *www.bmeia.gv.at/*

Schweizer Bürger mit maschinenlesbaren Pässen von *vor* dem 26.10.2006 benötigen kein Visum. Pässe, die ab dem 26.10. 2006 ausgestellt wurden, müssen einen Chip mit biometrischen Daten enthalten. Details unter *www.schweizerpass.ch*

Zudem müssen alle im Rahmen des VWP einreisenden Passagiere vorgängig eine zwei Jahre gültige, kostenpflichtige ($ 14), elektronische Einreiseerlaubnis (ESTA, *Electronic System for Travel Authorization*) einholen; dies kann auch das Reisebüro für Sie erledigen. *(https://esta.cbp.dhs.gov)*

An Bord erhalten Sie eine Zollerklärung. Zollfrei sind Geschenke im Gesamtwert von $ 100 und für Reisende ab 21 Jahren 1 l (*quart*) Spirituosen, 200 Zigaretten oder 50 Zigarren oder 2 kg Tabak. Bargeld und Reiseschecks, mit einer Totalsumme über $ 10 000 sind zu deklarieren.

Für Obst, Gemüse und Fleischprodukte besteht ein Einfuhrverbot. Die zum Aufspüren von Drogen eingesetzten Hunde finden auch Nahrungsmittel.

Feiertage

An den folgenden Tagen schließen Büros und die meisten Geschäfte:

1. Januar	*New Year's Day*
15. Januar	*Martin Luther King Day*
3. Montag im Februar	*President's Day*
Letzter Montag im Mai	*Memorial Day*
4. Juli	*Independence Day*
1. Montag im September	*Labor Day*
2. Montag im Oktober	*Columbus Day*
11. November	*Veterans' Day*
4. Donnerstag im November	*Thanksgiving Day*
25. Dezember	*Christmas Day*

Beweglicher Feiertag: *Easter Monday*

Je nach Staat kommen noch andere Feiertage dazu.

Flughäfen

Die wichtigsten internationalen Flughäfen an Amerikas Ostküste sind (von Norden nach Süden) Boston, New York (Kennedy und LaGuardia), Newark, Philadelphia, Pittsburgh, Baltimore-Washington International, Washington (Dulles und Ronald Reagan), Raleigh-Durham, Charlotte und Atlanta.

In den Terminals findet man neben Wechselstuben, Bars und Restaurants, Läden (Duty-free-Shops für Reisende auf internationalen Flügen), Autoverleih- und Hotelbuchungsdiensten auch Fremdenverkehrsbüros.

Am *Transportation Desk* erfahren Sie, wie man am günstigsten mit öffentlichen Verkehrsmitteln in die Stadt oder zum Hotel gelangt. Manche Hotels bieten einen kostenlosen Abholdienst vom Flughafen an. Oft gibt es auch Sammeltaxis, die bestimmte Hotels anfahren, oder Flughafenbusse, die Sie zu einem Terminal im Stadtzentrum bringen. Taxis sind immer zu bekommen. Die Abfahrtsstellen sind vor dem Ankunftsgebäude ausgeschildert. Atlanta, Baltimore und Boston haben außerdem gute Zugverbindungen zwischen Flughafen und Innenstadt.

Aufgrund diverser Sicherheitskontrollen müssen Sie bei internationalen Flügen mindestens zwei Stunden vor Abflug zum Check-in am Flughafen sein.

Fremdenverkehrsbüros

In allen großen und vielen kleineren Städten gibt es Verkehrsbüros, bei denen ausgezeichnete Prospekte und Karten erhältlich sind. In Flughäfen und Stadtzentren gibt es Informationsschalter und an Autobahnen an den Staatsgrenzen die *Welcome Centers*. Die Adresse des örtlichen *Convention and Visitors Bureau* finden Sie im Telefonbuch.

Geld

Der US-Dollar ($) ist in 100 Cents (c) unterteilt. Im Umlauf sind Scheine zu $ 1, 2, 5, 10, 20, 50 und 100 – die alle die gleiche Größe und Farbe haben! Bei kleineren Zahlungen werden große Scheine nicht immer akzeptiert. Die gebräuchlichsten Münzen sind: *penny* (1c), *nickel* (5c), *dime* (10c) und *quarter* (25c). 50c-Münzen werden selten benutzt, 1$-Münzen nur in Spielkasinos.

In größeren Banken oder Wechselstuben werden zwar ausländische Währungen und Reiseschecks umgetauscht, es dauert jedoch ziemlich lange. Kaufen Sie also Ihre Dollars besser vor der Abreise, oder beziehen Sie Ihr Geld an den Geldautomaten (ATM: *automatic teller machines*) mit Ihrer Kreditkarte. Die gängigen Kreditkarten werden in den allermeisten Geschäften, Restaurants und Hotels akzeptiert (oft eher als Bargeld), Sie müssen sich aber in der Regel ausweisen.

Gepäck

Auf Transatlantikflügen besteht bei den meisten amerikanischen Fluggesellschaften das Recht auf ein Stück Handgepäck sowie ein Stück aufgegebenes Gepäck pro Person, wobei für alle weiteren aufgegebenen Gepäckstücke ein Aufpreis verlangt wird. Europäische Fluggesellschaften erlauben in der Regel die Aufgabe von zwei Gepäckstücken. In beiden Fällen dürfen die aufgegebenen Gepäckstücke das Maximalgewicht von 23 kg nicht überschreiten. Packen Sie Ihre Koffer nicht zu voll – in Amerika kann man besonders Sport- und Freizeitkleidung günstig einkaufen.

Gepäck, das Sie beim Abflug aus den USA einchecken, darf nicht verschlossen sein; andernfalls wird es aufgebrochen.

Gesundheit
Medizinische Behandlung in den USA ist teuer, schließen Sie eine Auslandskrankenversicherung ab.

Vergessen Sie Ihre Medikamente nicht; sie sind in den USA möglicherweise nicht erhältlich oder rezeptpflichtig.

Kleidung
Packen Sie für den Sommer vorwiegend leichte Baumwollkleidung ein und etwas Wärmeres zum Überziehen für kühle Abende und klimatisierte Räume. Im Winter braucht man eine Jacke oder einen Mantel. In den Ferienorten ist zwanglose Kleidung angebracht, doch manche Restaurants verlangen Jackett und Krawatte. Regenmantel und Schirm sind zu jeder Jahreszeit nützlich.

Klima
Die Klimaunterschiede zwischen den einzelnen Staaten der Ostküste Amerikas sind beträchtlich. Während der Norden im Winter mit Eis und Schnee zu kämpfen hat, herrscht im Süden oft warmes Wetter. Im Sommer ist es überall warm bis heiß, manchmal auch schwül. Zwischen Juni und November können im Süden Wirbelstürme auftreten.

Lokalzeitungen und Fernsehen informieren ausführlich über das Wetter. Beachten Sie, dass in Amerika die Temperatur nicht in Celsius, sondern in Fahrenheit gemessen wird.

Für einen Besuch in Washington, New York und den mittleren Südstaaten ist der Frühling am besten geeignet. In Neuengland dagegen ist der Herbst mit seinen leuchtend rotgolden gefärbten Laubbäumen besonders schön.

Kriminalität
Die Kriminalitätsrate in Großstädten ist im Allgemeinen hoch; bei Beachtung einiger Vorsichtsmaßnahmen brauchen Sie jedoch nichts zu befürchten: Meiden Sie nach Einbruch der Dunkelheit Parks und Seitenstraßen, achten Sie an überfüllten Orten auf Taschendiebe, nehmen Sie keine größeren Geldsummen mit, tragen Sie so wenig Schmuck wie möglich, und lassen Sie Ihre Wertsachen im Hotelsafe. Wenn jemand an Ihre Zimmertür klopft, erkundigen Sie sich telefonisch an der Rezeption nach dem Besucher.

Reisen Sie mit dem Auto durch eine Stadt, so legen Sie zuvor den Weg fest, um unsichere Gegenden zu meiden. Schließen Sie Autotüren und -fenster, und lassen Sie keine Wertsachen im Wagen herumliegen, weder beim Fahren noch beim Parken.

Man kann Sie durch vorgetäuschte Notfälle zum Anhalten veranlassen: Tun Sie es nicht. Wenn Sie bei Nacht Schwierigkeiten mit dem Auto haben, versuchen Sie möglichst, bei einer gut beleuchteten Tankstelle zu halten.

Medien
Jede amerikanische Stadt hat mindestens eine eigene Zeitung, wobei sich die meisten auf lokale Nachrichten beschränken. In den Wochenendausgaben findet man Veranstaltungshinweise. Von den überregionalen Zeitungen bringt die *New York Times* die ausführlichsten internationalen Nachrichten, das *Wall Street Journal* Meldungen aus Wirtschaft und Finanzen und die *USA Today* einen unterhaltsamen Überblick.

Notfälle
Polizei, Feuerwehr und Notruf sind unter der Telefonnummer 911 zu erreichen. Der *Operator* (Zentrale) hilft Ihnen weiter.

Religion
Mehr als die Hälfte der Amerikaner besucht regelmäßig den Gottesdienst. Die meisten sind Christen, wobei die in zahlreiche Glaubensgemeinschaften gegliederten Protestanten leicht in der Überzahl sind. Daneben gibt es viele andere Religionen. Besonders einflussreich ist die jüdische Gemeinde; durch die letzten Einwanderungswellen wuchsen aber auch die muslimischen, hinduistischen und buddhistischen Glaubensgruppen. In den Wochenendausgaben der Lokalzeitungen stehen die Zeiten der Gottesdienste.

Sprache
Das amerikanische Englisch unterscheidet sich stark vom britischen. Sie werden auf viele neue Wörter und Ausdrücke stoßen – die Amerikaner sind sehr erfinderisch. Durch die hohe Einwanderungsrate hört man auch zahlreiche andere Sprachen; viele Menschen in den USA sprechen nur wenig oder gar kein Englisch.

Stromspannung
Sie beträgt 110 Volt, 60 Hz Wechselstrom. Steckdosen haben zwei flache, parallele Stifte, einige auch noch einen runden Stift. Für die meisten europäischen Geräte wird ein Zwischenstecker benötigt, den man am besten schon zu Hause kauft.

Telefon und Post
Das von verschiedenen privaten Gesellschaften betriebene amerikanische Telefonsystem funktioniert hervorragend. Halten Sie für Ortsgespräche eine Telefonkarte oder einen großen Vorrat von

25c-Münzen bereit. Die Telefonvermittlung *(operator)* weist einen darauf hin, wenn man weitere Münzen einwerfen soll.

Die Vermittlung erreicht man über die 0. Für Anrufe innerhalb von New York oder in eine andere Tarifzone der USA wählt man 1, dann die Vorwahl und die siebenstellige Rufnummer. Nummern, die mit 1-800, 1-888, 1-877, 1-866 beginnen, sind kostenfrei.

Bei Auslandsgesprächen wählen Sie 011, dann die Landeskennzahl (49 für Deutschland, 43 für Österreich und 41 für die Schweiz).

Vom Hotel aus zu telefonieren kostet meist wesentlich mehr, außer man benutzt die Karte einer internationalen Telefongesellschaft *(calling card)*.

Sie können auch mit einem USA-tauglichen Handy (Triband) mit oder ohne Prepaid-SIM-Karte telefonieren oder sich in den USA auch günstig eines erwerben (*mobile* oder *cell phone*).

In den sogenannten »Business Service Bureaus« gibt es Faxapparate, die mit Kreditkarten betrieben werden können; in vielen Hotels und Internetcafés können Sie Ihre E-Mails abrufen oder verschicken.

Die Briefpost ist zuverlässig, Luftpostbriefe kommen nach etwa 4–6 Tagen in Europa an (per Express in 2 Tagen). Briefmarken gibt es bei der Post und gegen einen Aufpreis an entsprechenden Automaten.

Trinkgelder

In Restaurants wird ein Trinkgeld von ca. 15 % erwartet – für besonderen Service gibt man mehr. Taxifahrer und Reiseleiter erhalten ca. 10–15 %.

Uhrzeit

Die Staaten der Ostküste richten sich nach der *Eastern Standard Time*, die der Mitteleuropäischen Zeit (MEZ) um 6 Stunden nachhinkt. Während der Sommerzeit oder *Eastern Daylight Saving Time* (EDT) vom 2. Sonntag im März bis zum 1. Sonntag im November gilt MEZ –5 Stunden.

Verkehrsmittel

Das gebräuchlichste Transportmittel zwischen größeren Städten ist das Flugzeug. Von New York nach Boston oder Washington gibt es gute Bahnverbindungen. Das bundesweite Eisenbahnsystem »Amtrak« bietet günstige Spezialtickets an.

Zwischen den großen Städten verkehren auch die Überlandbusse der Greyhound-Gesellschaft. Für kürzere Entfernungen sind Mietwagen am geeignetsten.

In den Städten gibt es Busse und oft auch eine U-Bahn. Die New Yorker *subway* sieht zwar schmutzig und wenig einladend aus, ist dafür aber schnell.

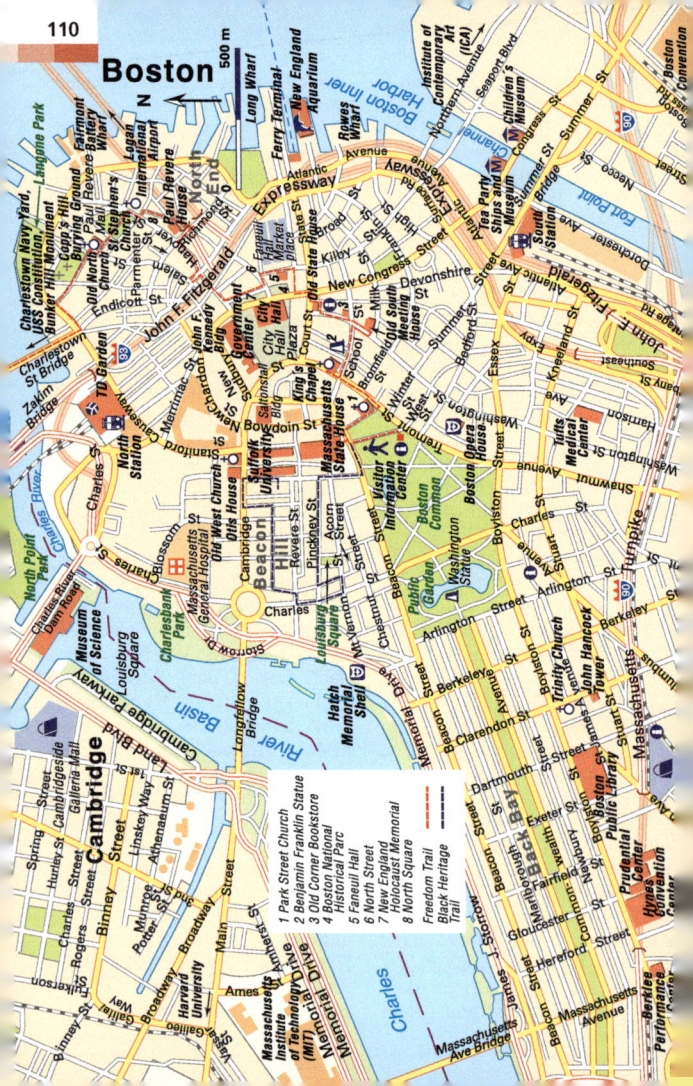

Boston

1 Park Street Church
2 Benjamin Franklin Statue
3 Old Corner Bookstore
4 Boston National Historical Parc
5 Faneuil Hall
6 North Street
7 New England Holocaust Memorial
8 North Square

Freedom Trail
Black Heritage Trail

111

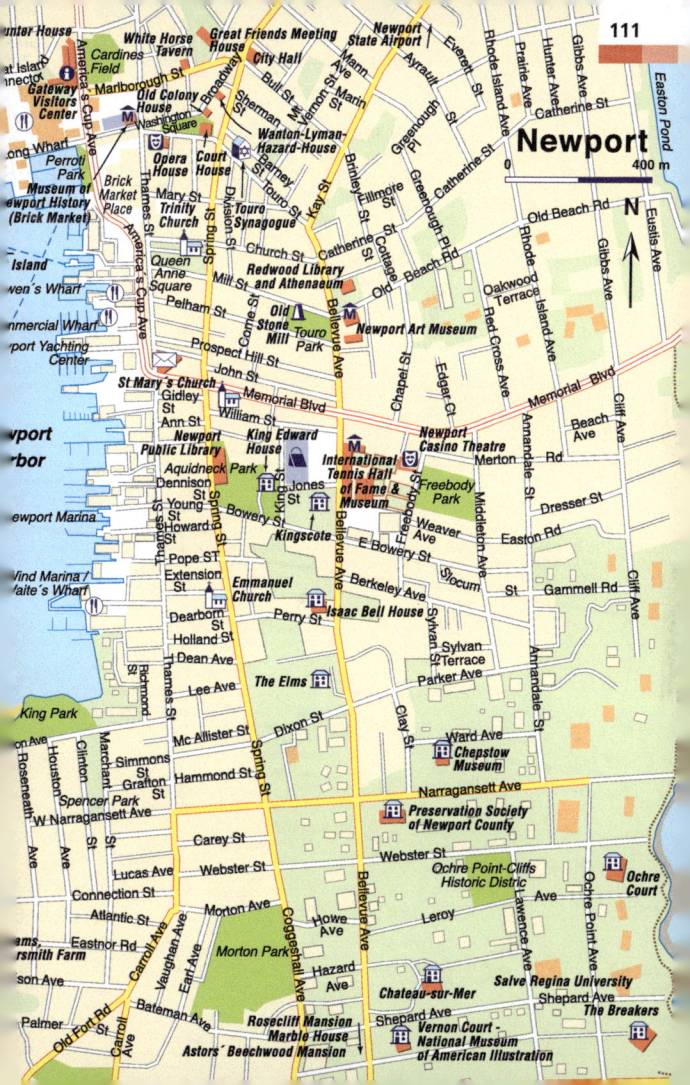

Newport

400 m

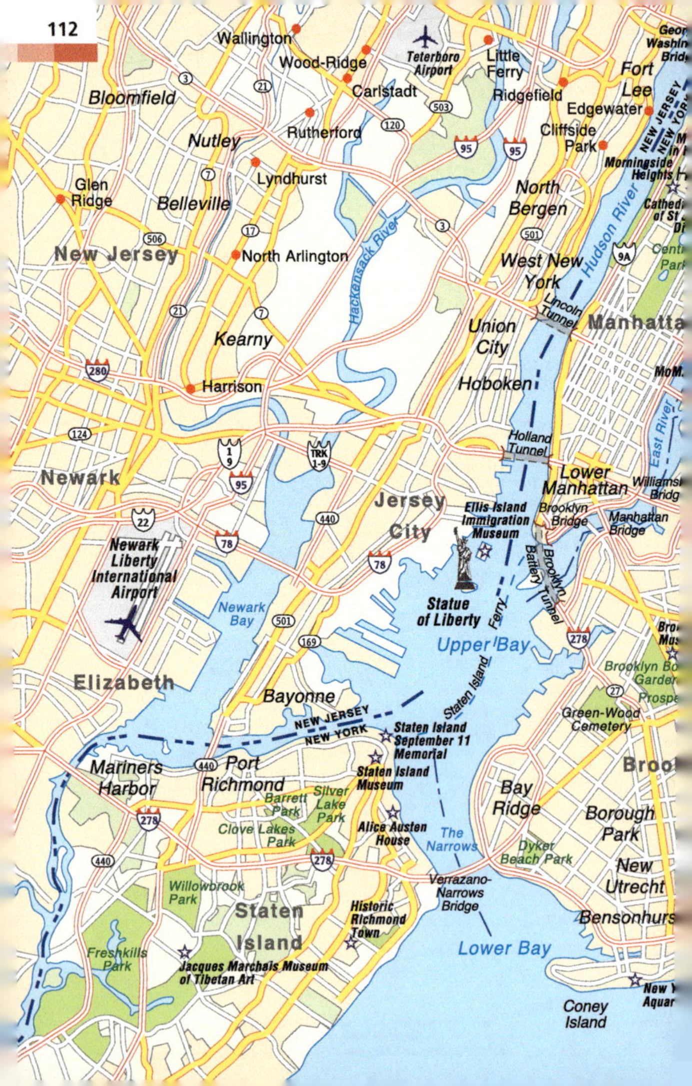
Wallington
Wood-Ridge
Teterboro Airport
Little Ferry
Fort Lee
Carlstadt
Ridgefield
Edgewater
Bloomfield
Rutherford
Cliffside Park
Nutley
Lyndhurst
Morningside Heights
Glen Ridge
Belleville
North Bergen
New Jersey
North Arlington
Hackensack River
West New York
Hudson River
Lincoln Tunnel
Manhattan
Union City
Kearny
Harrison
Hoboken
Holland Tunnel
East River
Newark
Lower Manhattan
Jersey City
Ellis Island Immigration Museum
Brooklyn Bridge
Manhattan Bridge
Newark Liberty International Airport
Battery
Brooklyn Tunnel
Newark Bay
Statue of Liberty
Ferry
Upper Bay
Elizabeth
Bayonne
Staten Island
Green-Wood Cemetery
NEW JERSEY
NEW YORK
Staten Island September 11 Memorial
Mariners Harbor
Port Richmond
Staten Island Museum
Barrett Park
Silver Lake Park
Bay Ridge
Borough Park
Clove Lakes Park
Alice Austen House
The Narrows
Dyker Beach Park
New Utrecht
Willowbrook Park
Verrazano-Narrows Bridge
Staten Island
Historic Richmond Town
Bensonhurs
Lower Bay
Freshkills Park
Jacques Marchais Museum of Tibetan Art
Coney Island

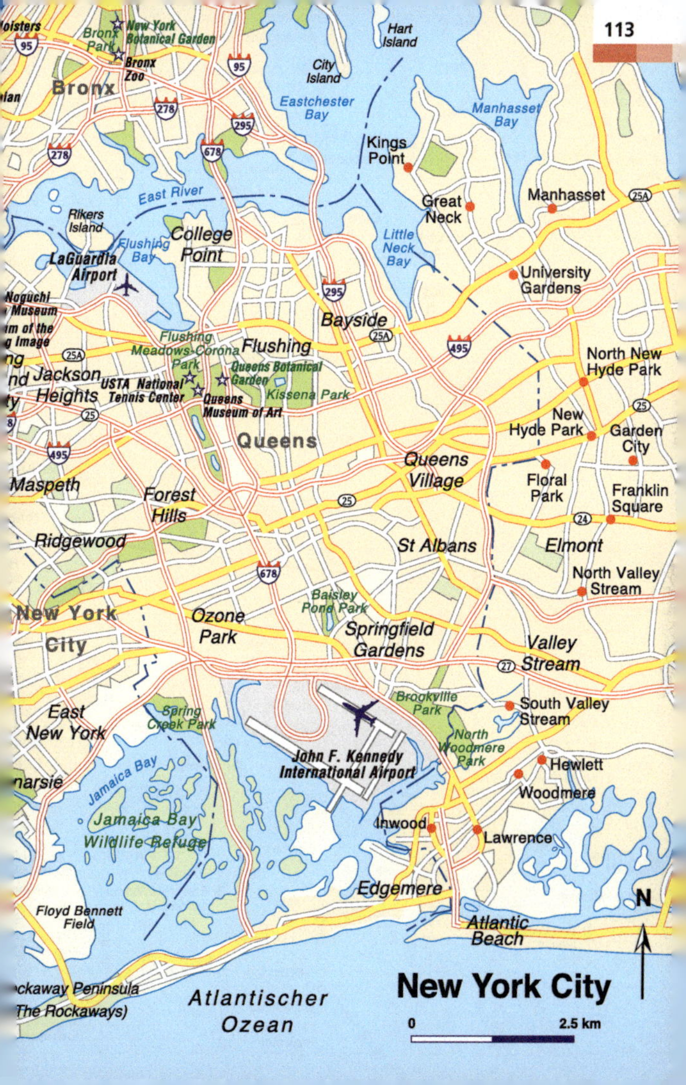
New York Botanical Garden
Bronx Park
Bronx Zoo
Bronx
Hart Island
City Island
Eastchester Bay
Manhasset Bay
Kings Point
Great Neck
Manhasset
East River
Rikers Island
College Point
Flushing Bay
LaGuardia Airport
Little Neck Bay
University Gardens
Noguchi Museum
Bayside
Flushing Meadows-Corona Park
Flushing
Queens Botanical Garden
North New Hyde Park
Jackson Heights
USTA National Tennis Center
Queens Museum of Art
Kissena Park
New Hyde Park
Garden City
Queens
Queens Village
Maspeth
Forest Hills
Floral Park
Franklin Square
Ridgewood
St Albans
Elmont
North Valley Stream
Baisley Pond Park
New York City
Ozone Park
Springfield Gardens
Valley Stream
East New York
Spring Creek Park
Brookville Park
South Valley Stream
North Woodmere Park
John F. Kennedy International Airport
Hewlett
Woodmere
Jamaica Bay
Jamaica Bay Wildlife Refuge
Inwood
Lawrence
Edgemere
Floyd Bennett Field
Atlantic Beach
N
Atlantischer Ozean
New York City
0
2.5 km

Parrish
N 27th St
N 26th St
Brown
N 24th St
N 23rd St
Stephen Girard Collection
(500 m)
Fairmount
Eastern State Penitentiary
N 20th St
N 19th St
Wylie
Francis
Brown
Lemon Hill Mansion
Pennsylvania Ave
Aspen
Lincoln
Fairmount Ave
North
Boathouse Row
Fairmount Park
Perelman Building - Philadelphia Museum of Art
Wallace
Mount Vernon
N 18th St
N 17th St
N 16th St
Fairmount Water Works
Green
N 22nd St
N 21st St
Philadelphia Museum of Art
Brandywine
Spring Garden
Spring Garden
76
Eakins Oval
Hamilton
Schuylkill River
Schuylkill Expressway
Benjamin Franklin Parkway
Rodin Museum
Callowhill
N 31st St
Central Library
Vine
676
Vine Expressway
Winter
Sister Cities Park Visitor Center
Franklin Institute
Logan Square
Cathedral Basilica of Sts Peter & Paul
Race
Moore College of Art and Design
Academy of Natural Sciences
Benjamin Franklin Parkway
Cherry
S 23rd St
N 33rd St
N 32nd St
Arch
Suburban Station
S 30th St
JFK Blvd
30th Street Station
JFK Blvd
30th
22nd
19th
Market
Market St
Ludlow
33rd
Mütter Museum
Convention and Visitors Bureau
One Liberty Observation
Chestnut
S 30th St
Chestnut
Mandell Theater
Rittenhouse Square
Sansom
University City
Walnut
University of Pennsylvania
Walnut
The Adrienne
Rittenhouse Square
Palestra
S 32nd St
Locust
S 22nd St
Penn Park
Spruce
S 21st St
Academy of Vocal Arts
Franklin Field
Schuylkill River Park
S 25th St
S 24th St
Delancey
South
Penn Museum
Pine
S 23rd St
Rosenbach Museum and Library
S 20th St
S 19th St
S 18th St
S 17th St
S 16th St
University City Station
S 27th St
S Taney St
S 26th St
Lombard
South
76
Grays Ferry Ave
Bainbridge
Schuylkill Ave
Fitzwater

Philadelphia
0
600 m
UNESCO-Welterbe
N
Northern Liberties
Old City
Chinatown
Center City
Society Hill
Washington Square West
Riverfront
Delaware River
Poplar
Brown
Fairmount Ave
Fairmount
Green
Spring Garden
Callowhill
Willow
Noble
Wood
Vine Expressway
Race
Arch
Market St
Chestnut
Sansom
Walnut
Locust
Spruce
Delancey
Pine Street
Lombard
South
South St
Bainbridge
Fitzwater
Monroe
Ridge Ave
Delaware Expressway
N Christopher Columbus Blvd
S Christopher Columbus Blvd
Front
N 2nd St
N 3rd St
N 4th St
N 5th St
N 6th St
N 7th St
N 8th St
N 9th St
N 10th St
N 11th St
N 12th St
N 13th St
S 2nd St
S 3rd St
S 4th St
S 5th St
S 6th St
S 7th St
S 8th St
S 9th St
S 10th St
S 11th St
S 12th St
S 13th St
National Shrine of St John Neumann (500 m)
Franklin Square
Benjamin Franklin Bridge
Elfreth's Alley
Betsy Ross House
United States Mint
National Constitution Center
African American Museum
Pennsylvania Convention Center
Visitor Center
Reading Terminal Market
Market East Station
11th
8th-Market
5th
2nd
Independence National Historical Park
Independence Visitor Center
Christ Church Burial Ground
Arden Theatre
Christ Church
Nat. Museum of American Jewish History
Fragments of Franklin Court
Benjamin Franklin Museum
SEPTA
St Stephen's Church
Liberty Bell Center
Philadelphia History Museum
Congress Hall
Old City Hall
Independence Hall
Carpenter's Hall
Todd House
Merchants' Exchange
Irish Immigration Memorial
Great Plaza at Penn's Landing
Jeweler's Row
Walnut St Theatre
Forrest Theatre
Washington Square Park
12th-13th
9th-10th
Tomb of the Unknown Revolutionary War Soldier
Historical Society of Pennsylvania
Independence Seaport Museum
Camden, Adventure Aquarium
Korean War Memorial
USS Olympia and USS Becuna
Vietnam Veterans Memorial
Moshulu
Mother Bethel A.M.E. Church
Pine Street Antique Row
Henry George School of Social Science
St Peter's PE Church
Spirit of Philadelphia
Head House Square
Seger Park
Starr Park
Society Hill Playhouse
Palumbo Park
Mummers Museum (600 m)
Fort Mifflin (13 km)
Chinatown
Spring Garden
Chestnut

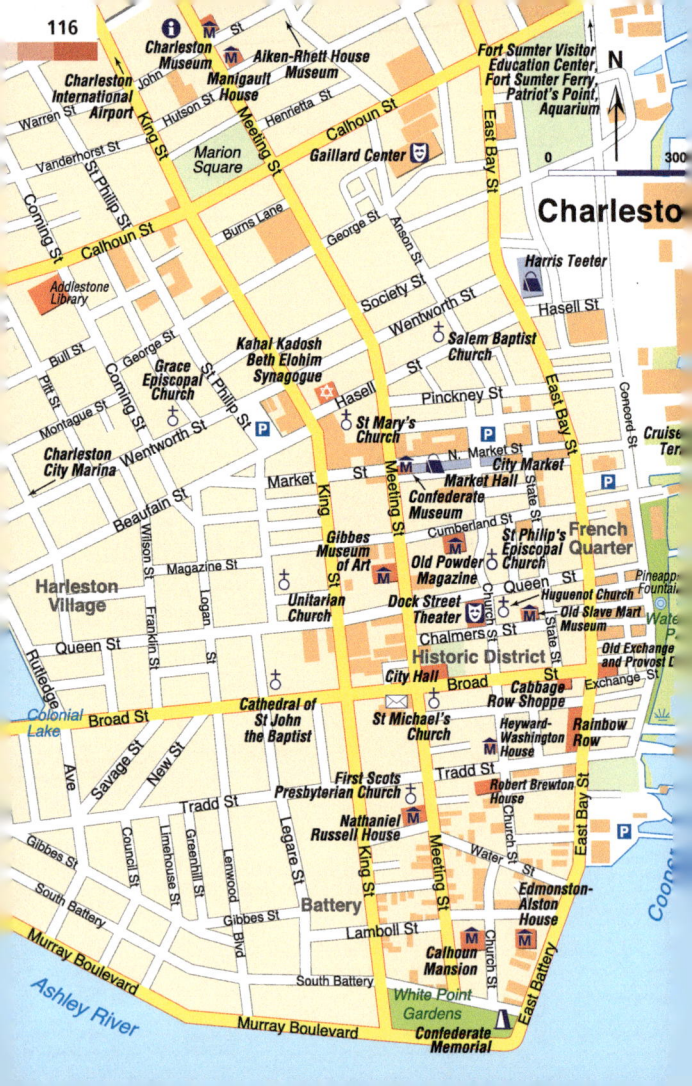

Charleston Map

116

North Area
- Charleston International Airport
- Charleston Museum
- Aiken-Rhett House Museum
- Manigault House
- Marion Square
- Gaillard Center
- Fort Sumter Visitor Education Center, Fort Sumter Ferry, Patriot's Point, Aquarium

Streets (North)
- Warren St
- John St
- Hutson St
- Henrietta St
- Calhoun St
- Vanderhorst St
- St Philip St
- King St
- Meeting St
- East Bay St
- George St
- Anson St
- Coming St
- Burns Lane
- Society St
- Wentworth St
- Hasell St
- Pinckney St
- N. Market St
- Bull St
- Pitt St
- Montague St
- Beaufain St
- Wilson St
- Magazine St
- Logan St
- Franklin St
- Queen St
- Rutledge Ave
- Savage St
- New St
- Broad St
- Tradd St
- Water St
- Church St
- State St
- Chalmers St
- Cumberland St
- Exchange St
- Concord St
- Limehouse St
- Greenhill St
- Lenwood St
- Legare St
- Gibbes St
- Lamboll St
- South Battery
- Murray Boulevard

Landmarks
- Addlestone Library
- Charleston City Marina
- Kahal Kadosh Beth Elohim Synagogue
- Grace Episcopal Church
- Salem Baptist Church
- St Mary's Church
- Market Hall
- Confederate Museum
- City Market
- Gibbes Museum of Art
- Old Powder Magazine
- St Philip's Episcopal Church
- French Quarter
- Harleston Village
- Unitarian Church
- Dock Street Theater
- Huguenot Church
- Old Slave Mart Museum
- Historic District
- Old Exchange and Provost D...
- City Hall
- Cathedral of St John the Baptist
- St Michael's Church
- Cabbage Row Shoppe
- Heyward-Washington House
- Rainbow Row
- First Scots Presbyterian Church
- Robert Brewton House
- Nathaniel Russell House
- Battery
- Edmonston-Alston House
- Calhoun Mansion
- White Point Gardens
- Confederate Memorial
- Colonial Lake
- Harris Teeter
- Pineapple Fountain
- Cruise Ter...

Water Features
- Ashley River
- Cooper River
- Murray Boulevard

N — Scale: 0 — 300

Charleston

Savannah

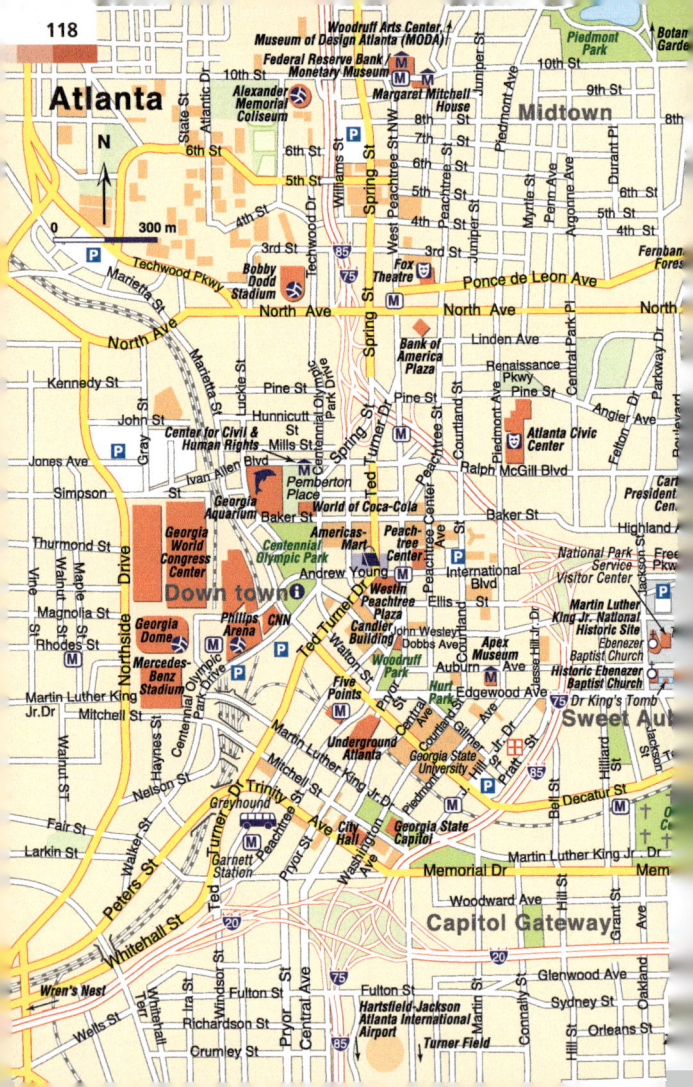

Atlanta

REGISTER

Acadia National Park 33
Annapolis 67
Arlington 65
Athens 89
Atlanta 83–88
   Atlanta History Center 88
   Carter Presidential Center 87
   Centennial Olympic Park 85
   CNN Center 85
   Downtown 83–86
   Fernbank 87
   Georgia Aquarium 85
   Georgia State Capitol 86
   Grant Park 87
   Margaret Mitchell House 86
   Martin Luther King House 87
   Midtown 86–87
   Sweet Auburn Historic District 86–87
   Underground Atlanta 85–86
   Woodruff Arts Center 86
   World of Coca-Cola 85
Augusta 89
Baltimore 66–67
Bar Harbor 33
Bath 32
Blue Hill 33
Boone Hall 76
Boothbay Harbor 32
Boston 15–21
   Back Bay 19–20
   Beacon Hill 19
   Boston Teaparty Ships & Museum 18
   Charlestown 18
   Faneuil Hall 17
   Freedom Trail 16
   Government Center 17
   Hafenviertel 18
   Isabella Stewart Gardner Museum 20
   John F. Kennedy Presidential Library and Museum 20
   King's Chapel 17
   Museum of Fine Arts 19
   North End 17–18
   Old South Meeting House 17
   Park Street Church 16–17
Camden 32
Cambridge 21
Cape Cod 23–25
Castine 33
Charleston 73–76
   Battery 75–76
   Chalmers Street 74–75
   Dock Street Theatre 74
   Fort Sumter 76
   French Quarter 74–75
   French Huguenot Church 74
   Gibbes Museum of Art 74
   Historische Wohnsitze 75–76
   Old Charleston 73–76
   Old Exchange Building 75
   Patriots Point Naval and Maritime Museum 76
   St Michael's Church 75
   St Philip's Episcopal Church 74
   White Point Gardens 76
Colonial Williamsburg 70–71
Concord 22
Drayton Hall 76
Fall River 26
Fort George 33
Fort Pulaski 82
Freeport 32
Georgetown 65
Georgia vor dem Bürgerkrieg 89
Harvard University 21
Jamestown 69
Jonesboro 88
Kennebunkport 31
Maine, Küste 30–33
Lexington 21–22
Macon 89
Madison 89
Magnolia Plantation and Gardens 77
Martha's Vineyard 25–26
Maryland 66–67
Middleton Place 77
Mount Vernon 65–66
Nantucket 25
New Bedford 26
Newport 26–30
   Beechwood 30
   Bowen's Wharf 28
   Breakers, the 29
   Brick Market 28
   Elms, the 29
   Great Friends Meeting House 28
   Marble House 30
   Newport Casino 29
   Old Colony House 27
   Old Stone Mill 28
   Redwood Library 28
   Rosecliff 29
   Touro Synagogue 28
   Trinity Church 28
   Wantan-Lyman-Hazard House 27
   White Horse Tavern 27
Newport News 68–69
New York City 35–49
   American Museum of Natural History 48–49
   Central Park 47
   Chinatown 39–40
   Chrysler Building 44
   Downtown 39–43
   East Village 41–43
   Ellis Island Immigration Museum 38–39
   Empire State Building 43
   Financial District 36–39
   Frick Collection 47
   Grand Central Terminal 44

REGISTER

Greenwich Village 41
Ground Zero 37
Guggenheim Museum 48
Harlem 49
Lincoln Center 48
Little Italy 40
Manhattan 35–49
Metropolitan Museum
of Art 47–48
Midtown 43–46
Morgan Library
& Museum 43
Museum of Modern Art
(MoMA) 45–46
National Museum of the
American Indian 38
New York Public
Library 44
Rockefeller Center 45
SoHo 40–41
South Street Seaport 37
Statue of Liberty 38
Times Square 44–45
TriBeCa 41
United Nations 43–44
Uptown 46–49
Wall Street 36
World Trade Center Site
36–37
Norfolk 67–68
Ogunquit 31
Orientierungshilfe 36, 64
Pemaquid Point 32
Pennsylvania Dutch
Country 55
Philadelphia 51–55
Barnes Foundation 55
Center City 53
Franklin Court 52
Independence National
Historical Park 51–52
Liberty Bell 51
Old City 52–53
Philadelphia Museum
of Art 53
Riverfront 53
Plymouth 23
Politische Strukturen 58
Portland 32
Provincetown 23–25
Road to Tara Museum 88
Salem 22–23
Savannah 79–82
Bull Street 80–82
Historic District 79–82
Moderne Stadt 82
River Street 80
Sea Islands 83
Six Flags Over Georgia 89
Smithsonian Institution 60
State Farmers Market 88
Stone Mountain Park 88–89
Valley Forge 55
Virginia Beach 68
Virginia Peninsula 68
Washington 57–65
Arlington 65
Capitol 57–59
Capitol Hill 57–59
Ford's Theatre 64–65
Jefferson Memorial 62
Lafayette Square 64
Library of Congress 59
Lincoln Memorial 62
Museen und Galerien
60–61
National Air and Space
Museum 60
National Gallery of Art 60
Pennsylvania Avenue 64
Supreme Court 59
The Mall 59–62
Vietnam Veterans
Memorial 62
Washington Monument
61–62
Weißes Haus 63–64
Williamsburg 70–71
Wilmington 55
Winterthur Museum 55
York 31
Yorktown 71

Deutsche Fassung
Hannelore Mittl-Hopfinger
Christina Vogel

Redaktion
Birgit Seitz

Konzept
Karin Palazzolo

Gestaltung
Luc Malherbe, Matias Jolliet

Fotos
S. 1 istockphoto.com/Bullpenal
S. 2 istockphoto.com/Elysiumm
(Hut);
istockphoto.com/Mccausland
(Flagge);
istockphoto.com/Gregobagel
(Nubble Leuchtturm);
fotolia.com/Prusaczyk (Taxi)

Kartografie
JPM Publikationen,
Mathieu Germay

Copyright © 2013, 1998
JPM Publications S.A.
Avenue William-Fraisse 12
1006 Lausanne, Schweiz
information@jpmguides.com
www.jpmguides.com/

Alle Rechte vorbehalten,
insbesondere das Recht der
Vervielfältigung und Verbreitung
sowie der Übersetzung. Ohne
schriftliche Genehmigung des
Verlags ist es nicht gestattet, den
Inhalt dieses Werkes oder Teile
daraus auf elektronischem
oder mechanischem Wege
(Fotokopie, Mikrofilm, Ton- und
Bildaufzeichnung, Speicherung
auf Datenträger oder andere
Verfahren) zu reproduzieren,
zu vervielfältigen oder zu
verbreiten.
Alle Informationen sind sorgfältig
überprüft worden, erfolgen aber
ohne Gewähr. Der Verlag und sein
Kunde übernehmen keinerlei
Haftung für allfällige Fehler.
Für Berichtigungen, Hinweise
und Ergänzungen ist die Redaktion
dankbar.

Printed in Switzerland
14822.02.14745
Ausgabe 2013